関正生の

英作文

和文英訳編

ポラリス ✦ POLARIS 1

関正生 著

JN043908

「ポラリス」とは？

北極星は常にその位置を変えず、1年を通して常に光り輝きます。昔の旅人にとっては、方角を知るための大切な道標でした。

英作文の勉強となると、何をどうしていいかわからず、とりあえず書いては添削をしてもらだけの受験生がたくさんいるはずです。

そういった受験生に、この本がどこへ進むべきかを教えてくれる、旅人の道を照らし出してくれる北極星のような存在になればという願いを込めて、「北極星」という意味の「ポラリス（Polaris）」がこの本には名づけられています。

受験生には時間がない！

最近は英語を「書く」必要性が強調されていますが、受験生の時間が限られていることは昔も今も変わりません。この本では、闇雲にたくさんの問題をこなすのではなく、厳選された問題で、英作文の発想を短時間で身につけることを目指しています。

想定レベルは、GMARCH・関関同立レベル・一般国公立大レベルの合格を目指しています（早慶旧帝大レベルでも英作文の基礎完成になり、本書をしっかりこなせば、過去問で十二分に戦える力がつくはずです）。

私大志望者（GMARCHや早稲田の商学部など）は、ほんの数題の英作文のために割ける時間は限られるでしょう。また、国公立志望者も、いくら英作文の配点が高いといっても、受験科目の多さを考えれば、やはり英作文に時間を割くことはできないはずです。

だからこそ、受験生の状況を十分に念頭に置いて、効率的に対策できるよう、問題選定・解説をしています。

最後に、この本が世に出るきっかけを与えてくださった株式会社KADOKAWAの皆様に感謝します。特に、細田朋幸部長とは、常に「ポラリス」のコンセプトから、デザインなど細部にいたるまで、様々な意見を交換させて頂き、修正を何度も加え、大変なご尽力を頂いております。本当にどうもありがとうございました。

関 正生

▶ 現実の入試問題を反映

　英作文の入試問題には、文法単元がまんべんなく出るわけではなく、かなり偏りがあります。この本では「時制・比較・関係詞」などを多く採用して、最新の入試の現状を反映させました。

　さらに、入試によく出る重要表現も数回出てくる作りになっています。復習は大事ですが、同じ問題を眺めるのは苦痛ですから、重要な表現は新たな問題でも復習できる仕組みにしました。

▶ 新型コロナウイルス・プラスチック汚染の英作文

　英作文の問題には、容赦なく最新のテーマが出ます（長文と違って、日本語で書いてしまえばすぐに問題を作れるため）。2020年に感染拡大した新型コロナウイルスの話題も今後は出ると予想し、オリジナル問題を採用しました。

▶ 日本文には手を加えない

　昔は「論理的でない日本文を扱わない」という問題集もありましたが、最近の入試では難関大になるほど整合性を欠くように思える日本文が出題されます（ちなみに東大では、かなり前から「グダグダな日本語を英語にする」問題が出ています）。

　この本では、説明の都合で日本文を修正することは一切しておりません。形式統一のための修正やヒントの付加などはありますが、大学が出題した日本文を変更せず、現実の問題を体感することができます。

▶ 解答例への徹底的なこだわり

一般的には、著者が模範解答を書き、英語ネイティブが校閲します。

しかしそれでは「英文の不自然なところを直す・元の英文ありきの上書き修正」になりがちです。正直、そのやり方のほうが時間も手間もかからないのですが、本書では「白紙状態から英語の発想で文を作る」という理想の方法を採りました。

この実現に協力してくれたのが、母語としての英語を普通のネイティブよりも極めて深く理解しているだけではなく、日本語にも造詣が深いKarl Rosvold、18歳までアメリカで育ち、慶應大学から英語教材作成の道に進んだ渡辺萌香、東京外国語大学から英語教材のプロとして活躍する桑原雅弘です。

ボクを含めた4人がそれぞれ解答例作成に取り組み、話し合いをしながら作成したのが本書の解答例です。

▶ 音声素材をつけずに集中する

最近の英語の問題集には、どの分野であれ音声素材がつくことが多いです。長文ならば音声が必要なのもわかりますが、文法や英作文にまで音声をつける必要はないでしょう。その時間を、実際に英語を書くことに充てたほうが効率的です。英作文はリスニングと同時に学習できるほど甘いものではありませんよね。ポラリスのコンセプトは「原点回帰・正しい方向へ進む」ということです。ブレずに勉強していきましょう。

CONTENTS

本文デザイン／浅野悠
DTP組版／株式会社 河源社

◢ CONTENTS

CONTENTS

本書の使い方

本書の主な構成とそのポイントをまとめました。
勉強をより効率的にするために参考にしてください。

英作文の考え方・問題パターンをインプット

CHAPTER 0 は、和文英訳における基本中の基本とも言える「解答のコツ」を網羅しています。常にこのCHAPTERの「英作文の核心」を意識しておきましょう。英作文に対する考え方・取り組み方を根本から改善していきます。

文法事項のインプット

出題された日本文を見れば、押さえるべき重要な文法事項が、限定できます。「この手の日本文がきたら、この英文法（英語表現）！」とすぐに思いつくように、何度も確認しておきましょう。

解答例・参考解答例

基本的には「解答例」は受験生が思いつきやすい、かつ自然な解答、「参考解答例」は受験生が思いつきにくいが英語としては自然な解答、もしくは英語としてはやや不自然だが、入試では許容範囲という区分けになっています。解答例、参考解答例は、何度も読み直し、できれば声に出して読み（音読し）、最終的にはスラスラと書けるようにしてください。それを繰り返すうちに、「どんな文法事項がカギなのか」「どんな語彙や表現が必要か」がわかるようになっていきます。

自己採点ポイント

「解答例」において、気づいてほしい重要な文法事項・語句・表現です。解答するときに、こういった点を意識できているかどうか、確かめてください。

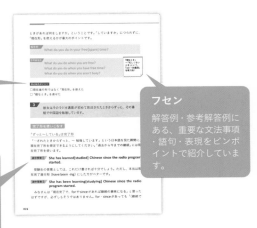

フセン

解答例・参考解答例にある、重要な文法事項・語句・表現をピンポイントで紹介しています。

途中答案

模範解答にたどりつくまでの、英訳のプロセスがわかります。自分が解答するときと同じか、もし違っていたとしたら何がどう違っていたのか確認することで、解答のコツの理解が深まります。

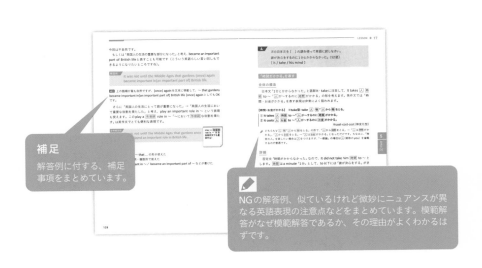

補足

解答例に付する、補足事項をまとめています。

NGの解答例、似ているけれど微妙にニュアンスが異なる英語表現の注意点などをまとめています。模範解答がなぜ模範解答であるか、その理由がよくわかるはずです。

CHAPTER

0

英作文がうまくいかない
理由と対策

英作文の新発想

　入試問題の演習に入る前に、英作文を効率的に対策するための話をしていきます。仮に今までたくさんの英作文対策をしてきた人でも「聞いたことない」というアドバイスがたくさんあるはずです。

　そもそも、今までの「英作文への取り組み方」は誤解だらけだ、というのがボクの考えです。まずはよくある受験生のパターンを見てみましょう。

受験生の典型パターン

> **1** そもそも「入試英作文の考え方・全体像」を教えられていない
>
> **2** 「英作文はアウトプットの作業」と言われてトライするが、まったく書ける気がしない
>
> **3** 添削してもらっても、その場限りの対応に進歩が実感できない

　英作文に取り組んだことがある受験生なら、たくさん当てはまると思いますし、なんなら「まんま自分のことじゃん！」という受験生がたくさんいるはずです。

　でも、受験生は一切悪くありません。今まで何十年と言われてきた取り組み方を実践してきただけなのですから。実はその「世間で言われる英作文の取り組み方」に、とんでもない誤解・勘違いがたくさん潜んでいます。「英作文はアウトプット」「添削が大事」…ボクに言わせればとんでもない誤解で、どれもズレています。

　しかし今までにそんなことを言う英語の先生は１人もいなかったのではないでしょうか。ですからまずは「英作文の核心」をきっちり解説していきます。問題に取り組む前に、読んでみてください。必ず英作文の考え方が劇変して、霧が晴れるはずです。

典型パターン **1**

そもそも「入試英作文の考え方・全体像」を教えられていない

☑ 4つの問題パターンを知る！

　英作文の入試問題をボクなりに分析すると、4つのパターンに分けられます。そのパターンごとにポイントを見抜いて、それを満たす英文を書くことが得点につながります。100％満たされていれば満点、50％なら半分の点数というわけです。

パターン① 文法型の問題 ※難関私立・地方国公立に多い出題

　問題文を見たとき「この日本語なら、あの英文法を使えばいい」と判断して、その文法を正確に使いこなせるかを試す問題です。

　英文法の力を試すのは 4 択（空所補充）問題が定番ですが、「本当に文法を理解しているか、そして実際に使うことができるか」を試すときは英作文で出題されます。本書では CHAPTER 1 〜 3 で扱います。

パターン② 思考型の問題 ※国公立（地方・旧帝共に）に多い出題

　英語にしにくい日本語・受験生が知らない表現を（そのまま難しい英語にするのではなく）、一度やさしい日本語に変換してから英語にしたり、文脈から適切な表現を考えたりする思考力（国語力）が求められる問題です。

　昔は英作文の勉強と言えば「例文暗記」がメインで、「英作文は英借文」とも言われていました。もちろんそういった問題も出る（特にパターン①の場合）のですが、今はこの思考型の問題が国公立のメインとなっています。本書ではCHAPTER 4 で扱います。

パターン③ 知識型の問題 ※（私立・国公立問わず）どこでも出題される

　英語を書くときに役立つ「決まり文句」が問われる問題です。決まり文句と言われてすぐ思いつくような「熟語・会話表現・構文（強調構文など）」も問われますが、文法や長文の問題では重視されない「英作文の頻出表現」もあります。本書では CHAPTER 5 ・6 で扱います。

　✐ パターン②の思考型は「なぞなぞ」のように考える問題ですが、この知識型は問題文を見た瞬間に「あれだ！」と即答する「クイズ」のようなイメージです。

パターン④ テーマ型の問題 ※（私立・国公立問わず）どこでも出題される

　英作文の問題ではよく出るテーマがあります。定番テーマとして「自然・旅行・コミュニケーション」など、最新テーマとして「スマホ・インターネット」などに関する日本語を英語にする問題が出ます。キーワードは当然知っておかないと英語にできませんし、それぞれのテーマに関連してよく使われる言い回しも準備しておくべきです。

　✐ 英作文は最新の話題が出やすいため（問題を作るのが簡単なので）、市販の単語帳では対応できない最新の用語をマスターしておく必要があります。

「事前に知っておく」という意味では、パターン③の「知識型」にも似ていますが、この手の問題は『最新テーマの知識』に加え、文法力・思考力など、他のパターンの発想と知識をすべて活用する必要があるため、本書の最後（CHAPTER 7・8）に扱います。

　以上、英作文の対策は、①文法を完成させて、②日本語をかみ砕いて簡単な英語で表現する発想を学び、③よく出る知識と、④よく出るテーマに関する知識・表現を積み重ねていくのが効率の良い対策です。

典型パターン 2

「英作文はアウトプットの作業」と言われてトライするが、まったく書ける気がしない

☑ みんな見落とす「英作文の"インプット"」

　世間では「英作文はアウトプット」と必ず言われます。確かに英文を作り出すという意味ではアウトプットですが、その言葉がまん延しているせいで「英作文のインプット」というものが完全に見落とされているのです。

　英作文の学習には「英作文のインプット」が必要です。そこを意識しなければ、いくらたくさん練習しても英文をスラスラと書けるようにはならないのです。

　以下は、ボクが考える理想の手順ですが、世間の勉強方法で見落とされている大事なインプットが2つあります。

英作文の勉強手順

① 語彙・文法の勉強　　※世間で言われる「インプット」
② 英作文としてのインプット（英作文の考え方・問題パターンなど）※ココが抜けてる！
③ 英作文の演習　　※世間で言われる「アウトプット」
④ 解答例・模範解答の吸収　　※ココが抜けてる！
⑤ 英文を何度も書く　　※ココも抜けてる！
（これはアウトプットの作業だが、世間では強調されない）

おそらくすべての受験生が、②④⑤の作業を見落としてしまっています。

②は「英作文の考え方・問題パターンなどを知ること」ですから、まさに今みなさんが読んでいる内容です。このCHAPTER 0をしっかり読み込めばOKです。

④は「解答例をしっかりと自分のものにする」作業です。最初は解答例の英文は手の届かないものに思えますが、だからと言って、それに対して何もしない受験生が多すぎるのです。解答例を見て、意識するのは以下のことです。

☐ 「問題文を見て"何を考えるべき"だったのか?」を確認する
☐ その際に必要な知識・表現を覚えて、書けるようにする
☐ 解答例を何度も読み直す（できれば音読）・書き直す

最後の内容は、⑤を含みます。

解答例は何度も読んで、書いて、自分でスラスラ書けるようにすべきお手本なのです。

これがいかに大事かは、英作文の問題集の解説を読んだ後にもう1度トライしてみればわかります。

・・・書けないんです。今確認したばかりなのに驚くほど手が動かないものなんです。ここで書けないなら、次にまったく同じ問題が出ても書けるはずがありませんよね。そもそも英作文というのはそういうものなのです。

ですから、みなさんは必ずその場で何度も読み直し、書き直しをしてください。そうすることで、添削をしてもらって「そっかあ」なんて言ってるだけの人の何十倍も、いや何百倍も「英語が書ける」ようになるはずです。

典型パターン 3

添削してもらっても、その場限りの対応に進歩が実感できない

☑ 添削なんて必要ない!

英作文の対策は誰もが「添削をしてもらわないとダメ」だと思っています。受験生だけでなく、英語教師がそう信じて疑わないのが、そもそもの原因かもしれません。しかしボクは必ずしも添削が必要だとは思いません。主な理由は次の3つです。

①添削することで甘えが出る

　　生徒：英作文を書いてきたので見てください。
　　ボク：君、この動詞の使い方、自信ある？
　　生徒：いえ…　※「だから添削してくれと言ってるんですけど」みたいな顔で

　これは予備校で何度かあったやりとりです。仮にボクが「これはOK、これは
ダメ」と添削したところで、その場では満足してもらえるでしょうが、本番で違
う表現が出たらアウトですよね。当たり前ですが本番では添削などしてもらえま
せん。
「後で添削してもらえばいいや」という甘やかされた発想・環境では英語の力
はつきません。「とりあえず思いついた英語を書くクセがつく・英語を書くと
きに考えなくなる（慎重さがなくなる）」からです。

　添削が必要な「不安定な英語・アヤしい英語」を使ってはいけないのです。「自
分の知っている英語・絶対に自信のある英語」だけを書くのが英作文での目標で
す。もちろんすべてに自信を持って書くことはできないでしょうが、常にその姿
勢を持つことが大事なのです。

②場当たり的な対応にしかなっていない

　添削は「答案ありき」で行われます。つまり答案を良くするための修正がなさ
れますが、「根本（たとえるなら骨組み・土台・下書き・デッサン）」から抜本的
に変更されることはあまりないでしょう。
「細かいミスの傾向（たとえば、theをつけるのが苦手・いつも時制を間違え
る）」は把握できるかもしれませんが、根本から「英語らしい表現の習得」につ
ながることは少ないように思えます。添削よりも、美しい英文の習得（つまり解
答例のインプット）のほうがはるかに優先順位が高いのです。

　また、こういった理由から、この本では「生徒の答案」を再現・添削する形は
とりません。他人の間違いというのは、意外と目に焼きつき、頭にこびりつくも
のなので、マイナスの影響が強いと思います。

　🖋 多くの受験生がミスして、かつそれを知っておくと今後に役立つと判断したときだけ、
　　ミスのパターンを示し、解説していきます。

そもそも添削例は、生徒が書いた日本人発想の英文の「微修正」にすぎないのです。そこに時間を使うほど「日本人発想の英語」が固まってしまいます。他人の間違った答案を見るより、自分の答案を模範解答に近づけることに時間を使ったほうがはるかに有益ですよ。

③真っ赤になった答案を見て、テンションガタ落ち

　赤字だらけの添削というのは、教える側は（仕事をたくさんしたので）満足なのですが、それを手にした生徒のテンションは下がりがちで、きちんと復習する生徒は少ないのが現実でしょう。さっと見て、軽く読んでおしまい、というパターンが大半ではないでしょうか。そもそもあれこれ直しが入るということは、インプットが足りないという証拠です。

　以上、かつてここまで添削不要論を唱えた英語講師はいないと思います。しかし「英作文は添削してもらうのがいいだろう」と言うだけでは無責任な指導だとボクはずっと思っていました。

　もちろん添削自体が悪いわけではありません。しかしその環境でも伸びない受験生がたくさんいるのも事実ですし、そもそも誰もが添削してもらえる環境にいるわけではありませんよね。そんな人は今まで不安だったかもしれませんが、この本で具体的に対策をしていきますので、ご安心を。

【本書の文法に関する記号の使い方】

S：	主語
V：	動詞
O：	目的語
C：	補語
M：	修飾語
sv：	従属節の中の主語・動詞は小文字で表しています
-ing：	動詞の-ing形
p.p.：	動詞の過去分詞形
ø：	名詞などが欠けている箇所
cf.：	参照
[　　]：	言い換え可能
{　　}：	省略可能

CHAPTER

1

文法型 [1]

1　私は来週の水曜日にオーストラリアに向けて旅立つ予定です。

予定表現を使いこなす

「予定」の重要表現2つ

　英文を作るときに最初に考えることはSVの発見ですが、今回はあまりにも明らかです（ということはポイントではない）。次に考えるべきは動詞（特に時制）です。今回は「旅立つ予定です」とあるので、この「予定」をどう表すかがポイントです。「～する予定だ」には be going to ～ ／ be ＋ -ing を使います。

be going to ～ vs. will

　be going to ～ 自体は問題ないでしょうが、will との違いは重要です。

① **be going to ～：「すでに予定として決まっていることが着々と進んでいる（going が進んでいるイメージ）」ときに使います。**
② **will：「単なる予測・その場でパッと思ったこと」を表します。**

例 I'll answer it.　（電話が鳴ったときに）ボクが電話でるよ。

　今回は「その場でパッと思ったこと」ではなく、「すでに予定として決まっていること」なので、will ではなく、be going to ～ を使います。

解答例①
I am going to leave for Australia next Wednesday.

> 「～に向けて旅立つ」は leave for ～

現在進行形で「予定」を表す

　進行形は「今～している途中」という意味から、「すでに手をつけている、近い未来の予定」を表すことができます。

解答例②
I am leaving for Australia next Wednesday.

✎ be going toを使った文との違いは気にしなくてOKですが、現在進行形の方が「予定感」が強く、スケジュール表にしっかり書いてあるイメージです。

参考解答例

I am planning to leave for Australia next Wednesday.
I am scheduled to leave for Australia next Wednesday.

自己採点ポイント

□ be going to 〜 や現在進行形で「予定」を表せた
□ leave for 〜 が書けた

2　あなたは暇なとき何をしていますか。

進行形と現在形を使い分ける

「〜している」には注意が必要

「〜している」という日本語を安易に進行形で表すと入試では危険です。

例としてよく挙げられるのは、そもそも進行形にできない状態動詞です。たとえば「〜に属している」は belong to 〜 を使うわけです。

「私はテニス部に所属している」
(×) I am belonging to a tennis club.　　(○) I belong to a tennis club.

「5秒ごとに中断・再開ができない動詞は進行形にできない」というルールを知っていると、状態動詞を暗記していなくても間違わずにすみます（belong to 〜 は5秒ごとに属するのをやめて、また再開、なんてできません→進行形にできません）。

✏️　物 belong to 人. の形もチェックを。That backpack belongs to me.「そのリュック、俺のだよ」となります。

現在形は「現在・過去・未来形」と考える

状態動詞以外で、もう1つ「〜している」に気をつけなくてはいけないのは、現在形になるパターンなんです。実は「昨日も今日も明日も行うこと」には現在形を使います。現在形という名前は紛らわしいので、「現在形＝現在・過去・未来形」と考えた方がいいくらいです。ですから、今回の「あなたは暇なとき何をしていますか」は、「（昨日だろうと、今日だろうと、明日だろうと）暇な

ときがあれば何をしますか」ということです。「していますか」につられずに、「現在形」を使えるかが最大のポイントです。

What do you do in your free[spare] time?

What do you do when you are free?

What do you do when you have free time?

What do you do when you aren't busy?

> 「暇なとき」
> →「忙しくない
> とき」という、
> 「not ＋対義語」
> を使う技！

□現在進行形ではなく「現在形」を使えた
□「暇なとき」を表せた

3

彼女はそのラジオ講座が初めて放送されたときからずっと、その番組で中国語を勉強しています。

完了形を使いこなす

「ずっと～している」は完了形

「…されたときからずっと、～ 勉強しています」という日本語を見た瞬間に、現在完了形を想定できるようにしてください。「過去から今までの継続」には現在完了形を使います。

途中答案① **She has learned[studied] Chinese since the radio program started.**

受験生の答案としては、これだけ書ければ十分でしょう。ただし、本当は現在完了進行形 (have been -ing) にした方がベターです。

途中答案② **She has been learning[studying] Chinese since the radio program started.**

みなさんは「現在完了で、for や since があれば継続の意味になる」と習ったはずですが、必ずしもそうではありません。for・since があっても「(継続で

はなく）完了や経験の意味になる」こともあるのです！ ですから、「継続の意味をハッキリさせたいときは現在完了進行形を使う」方が無難です。

✐ もちろん「状態動詞」は「進行形にできない」ので、常に have p.p. となります。

【「継続」を示すには…】

基本的に「現在完了進行形（have been -ing）」
※ただし状態動詞は「現在完了形（have p.p.）」で代用

補足 厳密に言えば、上記の解答が伝えるところは「ラジオ講座が始まってから勉強している」ということだけで、「その番組で（中国語を勉強している）」が抜けているので、それを入れたものを模範解答としておきます。

解答例

She has been learning[studying] Chinese with that radio course[with that program] {ever} since it was first broadcast[aired].

自己採点ポイント

□ 現在完了（進行）形を使えた
□ since が書けた

4　次の日本文に相当する意味になるように英文の空所を埋めなさい。
私が駅に着いた時、列車はすでに出発していた。

When I (　　　　　).

完了形を使いこなす

現在完了を「コピペ」したのが過去完了

　問題文の「〜した時、すでに…していた」という日本語から、すぐに過去完了形を考えたいところです。過去完了形（had p.p.）は、現在完了形が表す範囲を、そのまま過去方向にずらすと考えれば OK です。現在完了形は「過去から現在までの矢印」で、さらに「重点は現在にある」というのがポイントでした。この矢印ゾーンを過去の方へ「コピー＆ペースト」すれば過去完了形ができあがります。

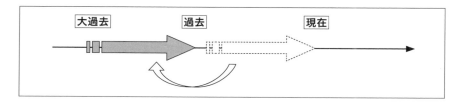

　過去完了は「過去のある一点までの矢印（継続・完了・結果・経験）」ということです。問題文では「私が駅に着いた時（過去のある一点）までに、列車はすでに出発していた（完了）」ということです。「着いた」は過去形、「出発していた」は過去完了形を使えばOKです。

解答例

> When I (arrived at [got to / reached] the station, the train had already left [gone/departed]).

> 「着く」は arrive at ／ get to ／ reach の3点セット！

補足 列車の動きにstartedを使うと、「始動・発車」をイメージさせます。列車がまだホームにはあるけど動き出した（加速を始めた）感じです（試験では減点されないと思いますが）。「出発」にはleave/go/departがベストです。

　余談ですが、この問題を出した大学では、この3年後に以下の問題を出しています。過去問をやる大切さがわかりますね（もちろん解答例は同じです）。

　　私たちは駅に着いたが、私たちの列車は既に出てしまっていた。

　　We got to the station, (＿＿＿＿＿＿＿＿＿＿＿＿).

自己採点ポイント

□ arrive at ／ get to ／ reach を正しく使えた
□ 過去完了形を使って、had already left[gone/departed] と書けた

もはや難関大の受験生には「willとbe going
toの使い分け」が絶対に必要なんだ。
このLESSONで完璧にマスターしておこう!

1

（1）（2）の日本文を英語に訳しなさい。

Peter: We've finally arrived!

Jackie: (1)<u>思ってたより，ずっと早く着いたね。</u>

The last time I came here, it took four hours.

Peter: Four hours for this short trip!

(2)<u>英国に来られたのはどれくらいぶりですか。</u>

Jackie: Well, almost twenty-five years.

「どれくらいぶり」を表す

(1) 中心部分

「着いたね」は前の文 We've finally arrived! をヒントに、「<u>私たちは</u>（ここに）着いた」と主語を補います。We got[arrived] here. とすればOKです。

補足部分

「思ってたより〜」には、"[比較級] than I {had} expected" という英作文での超頻出表現を利用します（71ページ参照）。「思ってたよりずっと早く」は比較級の強調muchを使い、much earlier than I {had} expected とすればOKです。

> **解答例**
>
> We got[arrived] here much earlier than I {had} expected [than I was expecting/than I thought].

自己採点ポイント

☐ we を主語にできた
☐ [比較級] than I {had} expected が書けた
☐ 比較級の強調muchを使えた

(2) 中心部分

　文の中心は「〜はどれくらいぶりですか」で、直後の返答 Well, almost twenty-five years. につながる発言を考えます。

　「〜はどれくらいぶり？」→「(最後に)〜してからどれくらい経っている？」と考え、How long has it been since {the last time} 〜? とすればOKです。

　もともとは It has been 年月 since sv.「sv してから 年月 が経つ」で、年月 の部分を How long に変えて、疑問文 How long has it been since sv? にしています。

補足部分

　「英国に来られた」→「あなたが英国に来た・訪れた」と主語（you）を補い、you came to[visited] the UK とします。

> **解答例**
> How long has it been since {the last time} you came to[visited] the UK?

補足 When was the last time you came to the UK?「最後に英国に来られたのはいつでしたか？」は、今回はNGです。この発言に対しては、Well, almost twenty-five years ago. のように返答するはずだからです（あくまで「いつだった？」に対しては、「○○前」と答えるのが自然ですね）。今回はagoがないため、How longで「期間」を尋ねる文が適切と判断できます。ただし、ここまで要求されることを考えるとかなりの難問ですから、When 〜の文が書けたこと自体には自信を持ってください。

自己採点ポイント

□ How long has it been since 〜? が書けた
□ you を主語にできた

和訳 ピーター：　やっと着きましたね！
　　　　ジャッキー：(1)思ってたより、ずっと早く着いたね。
　　　　　　　　　　最後にここに来たときは、4時間かかったよ。
　　　　ピーター：　この短い旅に4時間！
　　　　　　　　　　(2)英国に来られたのはどれくらいぶりですか。
　　　　ジャッキー：えっと、25年近くだね。

2 君といっしょに行けないことがわかった時、すぐに君に話しておくべきだった。

助動詞 have p.p. を使いこなす

主節

「私はすぐに君に話しておくべきだった」と、主語 (I) を補います。

「〜しておくべきだった」には should have p.p. ／ ought to have p.p. を使い、I should[ought to] have told you とすれば OK です。「すぐに」は immediately ／ right away を使います。

　助動詞 have p.p. は過去を振り返る表現で、「予想」と「イヤミ (過去への後悔)」の 2 グループに分けると整理しやすいでしょう。今回は「過去への後悔」です。

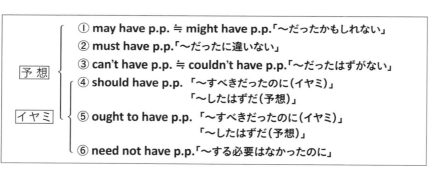

予想
① may have p.p. ≒ might have p.p.「〜だったかもしれない」
② must have p.p.「〜だったに違いない」
③ can't have p.p. ≒ couldn't have p.p.「〜だったはずがない」

イヤミ
④ should have p.p. 「〜すべきだったのに (イヤミ)」
　　　　　　　　　「〜したはずだ (予想)」
⑤ ought to have p.p. 「〜すべきだったのに (イヤミ)」
　　　　　　　　　　「〜したはずだ (予想)」
⑥ need not have p.p.「〜する必要はなかったのに」

従属節

　「君といっしょに行けないことがわかった時」で注意が必要なのが、「知る・わかる」の使い分けです。受験生は know や understand を多用しがちですが、それではミスする可能性があります。

【「知る・わかる」の区別】
① know「(すでに) 知っている」　※「知っている状態」を表す
② find out that[about] 〜／learn that[about] 〜／realize 〜
　「(新たに) 〜を[について]知る」
③ understand「(内容をきちんと) 理解している」
④ recognize「認識する」

　今回は、それまで知らなかったことを「(新たに)知る・わかる」という変化を表しているので、find outを使います。learnよりfind outの方が「発見する・発覚する」イメージが強く、今回のように「知らなかった情報を一瞬で知る」場合にはfind outをよく使うのです。when I found out that ～「～だとわかった時」となります。

◆ 今回はrealize「わかる」も可能です。

従属節(that節中)

　that節中は「(私が)君といっしょに行けない」がきます。found out(過去形)に合わせて、that節中も過去形wasn't able to[couldn't]にする点に注意してください(時制の一致)。

解答例①

I should[ought to] have told you immediately [right away] when I found out[realized] {that} I wasn't able to[couldn't] go with you.

> should have p.p. は英作文で本当によく狙われる!

「～とわかったらすぐに」と考えて、SV as soon as sv.「svするとすぐにSVだ」の形もOKです。

解答例②

I should[ought to] have told you as soon as I found out[realized] {that} I wasn't able to[couldn't] go with you.

自己採点ポイント

□ should[ought to] have p.p. が書けた
□ 「わかる」に find out / realize が使えた
□ when / as soon as で文をつなげられた

1時間早く出発していたら，今頃は目的地に到着していたでしょう。

仮定法の公式を使いこなす

全体の構造

　日本文「〜していたら、…していたでしょう」を見て、過去の仮定を表す「仮定法過去完了」の公式 "If s had p.p., S would have p.p." を使えるかがポイントです。

【仮定法の公式】
① 仮定法過去の公式　　※「現在」の妄想／過去形 を使う
　　If s 過去形 , S would 原形　「もし〜ならば…だろうに」
② 仮定法過去完了の公式　　※「過去」の妄想／過去完了形 使う
　　If s had p.p. , S would have p.p.　「もし〜だったら…だったろうに」
③ 混合文(仮定法過去完了＋仮定法過去)
　　If s had p.p. , S would 原形 「もし〜だったら、(今は)…だろうに」
④ 未来の仮定法　※「未来」の妄想
　　① If s should 原形 , S would 原形 ／命令文など　「もし(万一)〜なら…だろうに」
　　② If s were to 原形 , S would 原形　「(あくまで仮の話で)もし〜なら…だろうに」

✎　主節は would 以外に could・might・should でも可

if節

「出発する」には leave、「1時間早く」には early を使います。「(実際より) 1時間早く」ということなので、比較級 earlier にする点に注意しましょう。If I had left an hour earlier「1時間早く出発していたら」です。

【「早く」「速く」の区別】
① 「(時間が)早く」：early
② 「(スピードが)速く」：fast／quickly

主節

「目的地に到着していたでしょう」は、I would have arrived at[gotten to/reached] my destination とします。「〜に到着する」は arrive at 〜／ get to

～／ reach でしたね（28ページ参照）。「今頃は」＝「今頃までには」は by now です。「頃」は単なる「断定回避」の表現にすぎず、英訳する必要はありません。

解答例

If I[we] had left an hour earlier, I[we] would have arrived at[gotten to/reached] my[our] destination by now.

補足 gotten は got でも OK です（イギリスで好まれる）。

自己採点ポイント

☐仮定法過去完了の公式が正しく使えた
☐「出発する」「到着する」が書けた
☐「今頃は」に by が使えた

「断定回避」の表現は英訳不能という発想で、英作文の学習はかなりラクになるはず！

1

次の日本文に相当する意味になるように英文の空所を埋めなさい。

その自転車がもう少し安かったら、彼は買っていただろう。

Had that bicycle (　　　　　　　　　　　　　　　　　　　).

仮定法の倒置を使いこなす

全体の構造

　日本文「〜たら、…していただろう」と文頭 Had that bicycle に注目して、仮定法過去完了の倒置 "Had s p.p., S would have p.p." を考えます（If を省略した目印に「倒置」が起こったパターンです）。

【「if省略」のプロセス】

①「仮定法過去」の倒置：If s [were] 〜, S would 原形

　　　　　　　　[Were] s 〜, S would 原形

②「仮定法過去完了」の倒置：If s [had] p.p., S would have p.p.

　　　　　　　　[Had] s p.p., S would have p.p.

③「未来の仮定法」の倒置

　If s [should] 原形, please 〜など　　**If s [were] to 原形, S would 原形**

　[Should] s 原形, please 〜など　　[Were] s to 原形, S would 原形

✏ 倒置になっても「意味」は変わらない。
　倒置できるのは Were / Had / Should のみ！

前半

「もう少し安い」は a little[a bit] cheaper とします。比較級の前に a little / a bit などを置くことで、「差が小さい」ことを表せます。affordable / reasonable「購入しやすい・手頃な」を使っても OK です。

✏ 特に「提示されている値段が高すぎて手が出ない」ような状況であれば、more affordable や more reasonable を使って「(高すぎる値段) より購入しやすい・より手頃な」

を表せます。cheaper は提示されている値段に関係なく使えます。

ちなみに、a little more inexpensive は回りくどい印象があり、かなり不自然なので避けた方が無難です。

後半

後半は「彼は買っていただろう」＝「彼はそれ（＝その自転車）を買っていただろう」と、目的語を補うのを忘れないようにしてください。he would have bought it とします。one は「不特定」のものを指す一方、it は「特定」の名詞を受け、「ズバリそれっ！」という感じです。今回は「まさにその自転車」を表すので it が適切ですね。

解答例

Had that bicycle (been a little[a bit] cheaper[more affordable/ more reasonable/more reasonably priced], he would have bought it).

自己採点ポイント

□仮定法過去完了の倒置が書けた
□「もう少し安い」を正しく表せた
□it を補えた

2　それは古びたアナログ (analogue) 録音かと思うくらい、本物らしく聞こえる。

仮定法の慣用表現を使いこなす

中心部分

「それは本物らしく聞こえる」が文の中心です。「～らしく聞こえる」には、sound 形容詞 を使います。it sounds real とすれば OK です。

【seem型の動詞】　基本形：seem 形容詞
① 存在・継続　be／keep・remain・stay・hold「～のままでいる」
② 変化　become・get・turn・grow・come・go・fall「～になる」
　　　prove「～だとわかる」

③ 感覚　　　seem・appear「〜のようだ」／look「〜に見える」
　　　　　　　feel「〜のように感じる」／sound「〜に聞こえる」
　　　　　　　taste「〜の味がする」／smell「〜のにおいがする」

補足部分

「それは〜と思うくらい」→「それはまるで〜のように」と考え、as if 〜 を使います。

【仮定法 as if 〜 の時制】

SV as if sv. において…

① **V(主節の動詞)とv(as if内の動詞)が「同時制」→ as ifの中は** 過去形

② **Vよりもvが「1つ前の時制」→ as ifの中は** had p.p.

　今回は主節の動詞（聞こえる）と as if内の動詞（〜の録音だ）が「同時制」なので、as ifの中は「過去形」になります。as if it were 〜 とすればOKです（仮定法では、be動詞は常に were を使うのが基本）。

解答例

It sounds real[genuine/authentic]{,} as if it were an old[old-fashioned] analogue recording.

自己採点ポイント

□ "sound 形容詞 "の形にできた
□ as if it were 〜 が書けた

3

ジリアンとマーティン（Jillian and Martin）は6月に結婚することに決めた。ふたりとも結婚する日を楽しみにしている。

動名詞の慣用表現を使いこなす

【1文目】全体の構造

「〜することに決めた」はdecide to 〜 を使います。「これから〜することに決める」という未来志向なので、to不定詞を使いますね。

「結婚する」はget marriedです。be marriedは「結婚している（状態）」、get marriedで「結婚する（動作・変化）」を表します。

解答例

Jillian and Martin {have} decided to get married in June.

補足 「（過去〜現在にわたって）決めて、現在楽しみにしている」のように現在に焦点が当たっているので、文法的には現在完了形have decidedが適切です。ただ、イギリス人は現在完了形を好むのに対し、アメリカ人は過去形を好む傾向があり、今回は過去形でもOKです。

自己採点ポイント

□ decide to 〜「〜することに決める」が書けた
□ get married「結婚する」が書けた

【2文目】全体の構造

「ふたりとも」はBoth of them are 〜／ They are both 〜 です。

「〜する日を楽しみにしている」は、look forward to -ing「〜するのを楽しみに待つ」を使います。このtoは不定詞ではなく前置詞なので、後ろには「名詞・動名詞」がきます。今回は後ろにthe dayを置いて、Both of them are looking forward to the dayとすればOKですが、to -ingになるときには特に注意が必要なので、以下をチェックしておきましょう。

【to -ingになる慣用表現】

□ object to -ing／be opposed to -ing「〜に反対する」
□ be used to -ing「〜することに慣れている」
□ look forward to -ing「〜を楽しみに待つ」

修飾部分

「結婚する」が「日」を修飾します。同じくget married「結婚する」を使い、the day {when} they will get married「結婚する日」とすれば完成です。

　このwhenは関係副詞で、直前のthe dayを修飾しています。今回のthe dayのように「時」を表す典型的な言葉が先行詞のときは、関係副詞whenは省略されることが多いです（言葉が重複するので、今回はむしろwhenがない方が自然です）。

Both of them are[They are both] looking forward to the day {when} they will get married.

the day {when} they will get married「結婚する日」の代わりに、their wedding day「結婚式の日」を使うこともできます。

Both of them are[They are both] looking forward to their wedding day[the day of their wedding].

□ look forward to -ing が使えた
□「結婚する日」を正しく書けた

4

私は彼に助言を求めたことを後悔している。

不定詞と動名詞を使い分ける

中心部分

文の骨格は「私は〜したことを後悔している」で、regret -ing を使うのがポイントです。regret to 〜「残念ながら〜する」、regret -ing「（過去に）〜したのを後悔する」の区別に注意してください。

【toと-ingで意味が大きく変わるもの】

① **remember to 〜**「（これから）〜するのを覚えている」
   remember -ing「（過去に）〜したのを覚えている」
....
② **forget to 〜**「（これから）〜するのを忘れる」
   forget -ing「（過去に）〜したのを忘れる」
....
③ **regret to 〜**「残念ながら〜する」 ※直訳「これから〜したら後悔する（後悔するのはわ
                                                   かってるけど、しなくちゃいけない）」
                                          →「残念ながら〜する」
   regret -ing「（過去に）〜したのを後悔する」

④ **mean to ～「～するつもり」** ※このmeanは「意図する」という意味

　mean -ing「～という意味だ」

⑤ **stop to ～「立ち止まって～する」** ※直訳「～するために立ち止まる」／stopは自動詞

「立ち止まる」、toは副詞的用法「～するために」

　stop -ing「～するのをやめる」

補足部分

　regretの後ろには「彼に助言を求めたこと」が続きます。ask 人 for ～「人に～を求める」の形で asking him for advice とするか、ask for ～「～を求める」の形で asking for his advice とすればOKです。

解答例

I regret asking him for advice[asking for his advice].

advice は
「不可算名詞」

自己採点ポイント

□ regret -ing が書けた

□ ask を正しく使えた

□ advice に an や複数の s をつけなかった

英作文の問題では「後悔する」ことがやたらと多いのでregretの使い方を完璧にしておこう!

1

> A: 私たちは2月末までに中国であの新たな農業ビジネスを立ち上げ
> る準備ができるでしょうか。
> B: 実を言うと，期日に間に合わせることができるかどうか，私はい
> まだに確信がありません。

不定詞の慣用表現を使いこなす

A：中心部分

　文の骨格は「私たちは～する準備ができるでしょうか」です。be[get] ready
to ～「～する準備ができている［できる］」を使います（be は「状態」、get は「動
作・変化」を表す）。

　「未来」のことなので will や be going to ～ を使い、Will we be ready to ～? ／
Are we going to get ready to ～? などとすれば OK です。

✐ be[get] ready to ～ に「できる」の意味を含めることができるため、be able to ～ は入
　れなくても OK です（入れても減点はされないでしょうが、少し意味が重複する感じに
　なるため、英語としては入れない方が自然です）。

【不定詞を使った、be 形容詞 to ～ の慣用表現】

☐ **be about to ～**「まさに～するところだ」☐ **be eager to ～**「～したがる」

☐ **be anxious to ～**「～したがる」　　　　☐ **be sure to ～**「きっと～する」

☐ **be due to ～**「～する予定だ」　　　　 ☐ **be likely to ～**「～しそうだ」

☐ **be unlikely to ～**「～しそうにない」　 ☐ **be ready to ～**「～する準備ができている」

☐ **be willing to ～**「～するのをいとわない・進んで～する」

☐ **be unwilling to ～** ／ **be reluctant to ～**「～したがらない」

☐ **be apt to ～** ／ **be liable to ～** ／ **be prone to ～**「～する傾向がある」

☐ **be bound to ～**「必ず～する」

「あの新たな農業ビジネスを<u>立ち上げる</u>」は「始める」と考えて、start the[that]
new agricultural business とします。

途中答案 　**Will we {be able to} be ready to start the[that] new
agricultural business in China ～?**

補足部分

「2月末までに」は by the end of February が適切です。

【「〜まで」の区別】
| ① 「〜までには」:by ※「期限」を表す
| ② 「〜までずっと」:till・until ※「継続」を表す

> **解答例①**
> A: Will we {be able to} be ready to start the[that] new agricultural business in China by the end of February?

> **解答例②**
> A: Are we going to get ready to start the[that] new agricultural business in China by the end of February?

自己採点ポイント

□ be[get] ready to 〜 が書けた
□ 「〜までに」に by が使えた

B:前置き表現

「実を言うと」は to tell the truth という熟語を使います。

【不定詞を使った慣用表現】
| □to be honest「正直に言って」 | □to be frank「率直に言って」
| □to be sure「確かに」 | □to tell the truth「実を言うと」
| □to begin with／to start with「まず最初に」
| □to make matters worse「さらに悪いことには」
| □to say the least「控えめに言っても」
| □to say nothing of 〜／not to speak of 〜／not to mention「〜は言うまでもなく」
| □not to say「〜とは言わないまでも」 | □strange to say「奇妙なことだが」
| □needless to say「言うまでもなく」 | □come to think of it「考えてみれば」

中心部分

「〜かどうか私はいまだに確信がありません」は、I am still not {completely} sure if 〜 とするか (if は名詞節を作って「〜かどうか」という意味)、I am still not very confident that ～ とします（be confident that ～「～と確信している」）。もしくは、convince 人 that ～「人 に～を確信させる」の受動態 "人 is convinced that ～"「人 は～を確信している」を使って、I am still not convinced that ～と表すこともできます。

if節中・that節中

「期日に間に合わせる」→「時間通りに準備できている」と考え、we can be ready on time とします。Aの be[get] ready to ～ を受けて be ready を使うのが自然でしょう。

解答例①

> B: To tell the truth[To be honest/Actually], I am still not {completely} sure if[not very confident that/not convinced that] we can be ready on time.

on time は「予定の時間(time)に接触して(on)」→「時間通りに」

補足 not completely ～ は部分否定「完全に～というわけではない」です。completely を入れると「100％確信があるわけではない（けれど、できるかも）」というニュアンスになります。

　もしくは「物事を時間通りに終わらせる」と考え、get things done on time と表すこともできます。get OC「OをCの状態にする」の形で、「物事(things)は終わらせられる」という受動関係なので、done (p.p.) を使います。

解答例②

> B: To tell the truth[To be honest/Actually], I am still not {completely} sure if[not very confident that/not convinced that] we can get things done on time.

自己採点ポイント

□ to tell the truth ／ to be honest ／ Actually が書けた
□ be not sure if ～／ be not confident that ～／ be not convinced that ～ が書けた

2

嵐のせいで，私たちにはしばらくそこに留まる以外の選択肢はなかった。強風がおさまり無事に帰宅できたのは，朝になってからだった。

不定詞の慣用表現を使いこなす

【1文目】「原因」部分

　全体は「嵐（原因）→ そこに留まる（結果）」という関係になっています。「嵐のせいで〜」＝「嵐が原因で〜」なので、because of 〜／due to 〜「〜が原因で」などを使います。和文英訳では、自信を持って使える表現を1つ押さえておけばOKです。

【前置詞で「〜が原因で」を表す表現】

☐ **because of** 原因 ／ **due to** 原因 ／ **owing to** 原因

☐ **on account of** 原因 　※直訳「〜という説明（account）に基づいて（on）」

☐ **as a result of** 原因 　cf. 原因 . **As a result,** 結果 .

　　　　　　　　　　　　　　「原因 だ。その結果として 結果 だ」

【1文目】「結果」部分

　後半「私たちには〜以外の選択肢はなかった」は、have no choice but to 〜「〜するより他に仕方ない」という決まった表現を使います。この but は前置詞「〜以外」で、直訳「〜すること以外に（but to 〜）選択肢がない（have no choice）」です。

解答例①
Because of[Due to/On account of] the storm, we had no choice[alternative/option] but to stay[remain] there[in that place] for a while.

「しばらく」は for a while

補足 because of 〜の代わりにプラスの意味を持つthanks to 〜「〜のおかげで」を使うと、「皮肉」になってしまいます。

【不定詞を使った慣用表現】

□**All S have to do is {to}** 原形「Sは〜しさえすればよい」 ※toは省略可能

※直訳「Sがしなきゃいけないことのすべては〜することだ」

□**know better than to 〜**「〜しないだけの分別がある／〜するほどバカじゃない」

□**have no choice but to 〜**「〜するより他に仕方ない」 ※butは前置詞「〜以外」

□**have much to do with 〜**「〜と大いに関係がある」 ※関連のwith

□**have nothing to do with 〜**「〜とは全然関係がない」

□**have something to do with 〜**「〜と関係がある」

□**be to blame**「責められるべきである」

□**feel free to 〜**「自由に〜してよい」

□**cannot bring oneself to 〜**「〜する気になれない」

□**go out of one's way to 〜**「わざわざ〜する」

□**take the trouble to 〜**「わざわざ〜する」

　以下は、「結果」の部分に do nothing but 〜「ただ〜するだけ」を使ったパターンです。この表現の場合、but の後は「原形」がくることに注意してください。

参考解答例
Because of[Due to/On account of] the storm, we could do nothing but stay[remain] there[in that place] for a while.

補足 can't help -ing「〜せざるを得ない」はNG です。直訳は「〜するのを避ける (help -ing) ことはできない (can't)」で、「(反射的に) つい・思わず〜してしまう」場合に使います。

　もしくは、「嵐のせいで、私たちには〜以外の選択肢はなかった」→「嵐が私たちに〜することを強制した」と考え、force 人 to 〜「人 に〜することを強制する」を使うこともできます。

参考解答例
The storm forced us to stay there for a while.
Because of the storm, we were forced[obliged/compelled] to stay there for a while.

自己採点ポイント

□ because of 〜／ due to 〜 などが使えた

□ have no choice but to 〜 などが書けた

【2文目】全体の構造

「…できたのは、朝になってからだった」→「朝になってから初めて…できた」と
考え、It was not until 〜 that ...「〜して初めて…した」という強調構文を使います。

【2文目】that ... 以下

「帰宅できた」は「（ある一場面で）できた」なので、could ではなく、
was[were] able to 〜 を使ってください（87ページ参照）。「帰宅する」は go
{back} home / return home です。

解答例

> It wasn't until morning that the storm died down
> and we were able to go {back} [return] home.

> home は「副詞」
> なので、直前に
> 前 置 詞 は 不
> 要！

補足 「無事に」に対応する英語はありませんが、be able to go {back} [return] home
で十分です（safely を使う必要はありません）。また、今回の場面では話し相手が家
族の場合に限って come {back} home が使えます。come は「話の中心・相手のいる
場所に向かう」場合に使われるからです。

　ちなみに、下記のように強調構文を使わないでも表現することができます
が、この場合は「…できたのは朝になってからだった」というニュアンスは伝
わりません。単に「朝には嵐がおさまり、帰宅することができた」を表します。

参考解答例

> In the morning the storm {finally} died down, and we were able
> to go {back}[return] home.

自己採点ポイント

□ It was not until 〜 that ... が書けた
□ were able to 〜 が使えた
□ go {back} [return] home が書けた

CHAPTER

2

文法型 [2]

1

人間は，言語を使うことによってお互いに意思疎通できる，という点において独特である。

従属接続詞を使いこなす

主節

　文の骨格は「人間は独特である」なので、まず Humans are unique とします。unique はもともと「唯一の」で、そこから「独特な」となりました。「ユニークで面白い（笑える）」なんて思い込みは完全に捨ててください。

🖊 この場合の「人間」は、「人間というもの（一般）」なので、無冠詞・複数形で表すのが一般的です。可算名詞が総称を表すときは「無冠詞・複数形」が便利と押さえておきましょう。

従属節

「〜という点において」は、in that 〜 を使います。全体は SV in that sv.「sv という点において SV だ」の形です。

【前置詞 + that で「接続詞」になる表現】
□ **in that 〜**「〜という点において・〜だから」　※「範囲の in（〜という点で）」
□ **except that 〜**「〜ということを除いて」

　そして in that 〜 の後ろは、「お互いに意思疎通できる」を they can communicate with each other とします。each other は「お互い」という代名詞なので、(×) communicate each other としないように注意しましょう（communicate には他動詞もありますが、communicate 情報・意見「情報・意見 を知らせる」のように使います。今回は communicate with 人「人 と意思疎通をする」が適切です）。

　最後は「言語を使うことによって」を by -ing を使って、by using language とすれば完成です。by を使わずに分詞構文で表現することも可能ですが、今回は by を使った方が受験生にとってはラクでしょう。

解答例

Humans[Human beings] are unique in that they can communicate with each other {by} using language.

自己採点ポイント

□ in that ～ で文をつなぐことができた
□ communicate with each other が書けた
□ by -ing が使えた

2

次の文章を読んで、下線部を英語に訳しなさい。

<u>日本が他の文化に対して柔軟でない限り、こうした悪循環を是正することは不可能です。</u>

And since they are now exposed to new competition from countries such as South Korea, China, and India, if Japanese companies do not possess the broadmindedness to accept talent from around the world, it is clear they will fall further behind in the international business environment.

従属接続詞を使いこなす

主節

　文の骨格は「～することは不可能だ」で、It will be impossible to ～ とします。impossible は「不可能」の意味で使う場合は、必ず後ろに to 不定詞をとります（140ページ参照）。

◆ 日本語は「不可能です」となっていますが、実際には「これから」を表しているので is より will be の方が自然です（ここまで考慮できる受験生はいないでしょうから、安心してください）。

　その後は「こうした悪循環を是正する」が続きます。「この悪循環を壊す・絶つ」と考え、break this vicious cycle とすればOKです（この表現は難しいと思うでしょうが、英作文だけでなく、長文でもよく使われるので必ず押さえておきましょう）。

途中答案　　**It will be impossible to break this vicious cycle ～**

従属節

「〜しない限り」は unless を使います。全体は SV unless sv.「sv しない限り SV だ」の形です。

　unless 節は「日本が他の文化に対して柔軟だ」がきます。「時・条件を表す副詞節の中では未来のことでも現在形を使う」というルールにより現在形を使って、Japan is[becomes] flexible to[towards] other cultures とすれば OK です。

解答例①
> It will be impossible to break this vicious cycle unless Japan is[becomes] flexible to[towards] other cultures.

unless の代わりに、**as long as 〜**「〜する限り」を使うこともできます。

解答例②
> As long as Japan is not[does not become] flexible to[towards] other cultures, it will be impossible to break this vicious cycle.

自己採点ポイント

□ It will be[is] impossible to 〜 と書けた
□ break this vicious cycle が書けた
□ unless や as long as で文をつなげた

和訳 日本が他の文化に対して柔軟でない限り、こうした悪循環を是正することは不可能です。
　そして、日本企業は韓国、中国、インドなどの国々からの新たな競争にさらされているのですから、もし日本企業に世界中から才能のある人材を受け入れる寛容さがなければ、国際ビジネスの場でさらに後れをとってしまうことは明白です。

3

次の日本文を〔　　〕内の語で始まる英語の文に訳しなさい。

私に関する限り，異議はありません。〔As〕

as far asを使った慣用表現

前置き部分

「私に関する限り」はAsを利用し、As far as I am concernedという熟語を使います。as far asを使った以下の表現は英作文でもよく狙われます。

【as far asでよく使われる表現】

□as far as the eye can see	「見渡す限り」
□as far as I can see	「私にわかる限り」　※see「わかる」
□as far as I know	「私の知る限り」
□as far as I remember	「私の覚えている限り」
□as far as I am concerned	「私に関する限り」

主節

「異議はありません」→「私は異議を持っていません」と考えて、I have no objection{s}とします。動詞objectは「反対に（ob）投げる（ject）」→「反対する」で、その名詞形がobjection「反対・異議」です。

✏️ 「～がある」という日本語を見ると、すぐにThere is構文を使いたがる受験生が多いのですが、まずはhaveなどを使ってSVOで表すことを考えてください。この発想は英作文でとても大切です。

解答例

As far as I'm concerned, I have no objection{s}.

objection「反対・異議」が思いつかない場合、「異議はない」→「問題ない・OK」と考えて表すこともできます。

参考解答例

As far as I'm concerned, I have no problems with it.

As far as I'm concerned, I'm okay[fine] with it.

補足 I agree to ～ や I'm for ～ だと「賛成」の意味が強く、「異議はない（中立的もしくは賛成）」と意味が少しずれる危険性があります。ただ、objection を知らないからといって何も書かないよりは、得点がもらえるはずです。

補足 今回は解答例で満点ですが、実際には as far as I'm concerned の後には「（明確な）意見」や「許可すべきこと」がくるのが普通で、たとえば「許可」として As far as I'm concerned, you can stay out as late as you want.「私としては、どれだけ遅くまで外出しても構いません」のように使います。ですから、「私に関する限り，異議はない」→「私に異議はない」と考え、I have no objection{s} とすればもっと自然な英文になります（もちろん今回は As が指定されているので、解答例としてはダメですけどね）。英作文では、「～に関する限り」のような余分な日本語はカットできることも知っておいてください。

自己採点ポイント

□ As far as I'm concerned が書けた
□ 「異議はない」が表せた

4

次の日本文に相当する意味になるように英文の空所を埋めなさい。

彼女は私が発表の準備ができているか尋ねた。

She (　　　　　　　　　　　　　　　) presentation.

名詞節を作る if・whether を使いこなす

全体の構造

　文の骨格は「彼女は私に～かどうか尋ねた」なので、名詞節を作る接続詞 whether [if] を使い、She asked me whether[if] ～ とします（ask 人 whether [if] ～「人 に～かどうか尋ねる」の形）。目的語 me を補った方が自然ですが、She asked if ～「彼女は～かどうか尋ねた」でも許容範囲です。

【名詞節を作る if と whether の違い】

	if	whether
おおざっぱなイメージ	制限アリ ※文頭にきたら必ず「副詞節」	万能 （文頭でもどこでも OK）
目的語になる？	◎	◎
主語になる？	×（仮主語なら OK）	◎
文頭にくる？	×（倒置 OSV の形でもダメ）	◎
補語になる？	×	◎
前置詞の後ろは？	×	◎
同格節になる？	×	◎（question・doubt など）
直後に to 不定詞は？	×	◎ whether to 原形 「〜するかどうか」
"or not" と 一緒に使える？	◎) if SV or not ×) if or not SV ※ if の直後に or not はダメ	◎) whether SV or not ◎) whether or not SV

✎ この違いを覚えるのは大変なので、「名詞節を作る if は目的語だけ（主語になれない）」と押さえてください。whether は万能なので、英作文では whether を使った方が無難です。

whether・if 節中

whether・if 以下には「私が発表の準備ができているか」がきます。be ready for 〜「〜する準備ができている」を使い、if I was ready for my[the] presentation とすれば OK です。文の動詞 asked（過去形）に合わせて、if 節中も was にします（時制の一致）。

解答例

> She (asked {me} whether[if] I was ready for my[the]) presentation.

自己採点ポイント

☐ ask 人 whether[if] 〜 が書けた
☐ be ready for 〜 が書けた

1

> 夕方弟が持ってきてくれたサンドイッチが、その日最初にとった食事
> だった。

関係代名詞を使いこなす

全体の構造

文の骨格は「サンドイッチが、食事だった」なので、The sandwich was[The sandwiches were] meal. のような文の骨格を考えます。主語が The sandwich の場合は was、The sandwiches の場合は were を使う点に注意してください(両方 OK)。主語が長いので、SV の一致をしっかり意識しておきたいところです。

主語

「夕方弟が持ってきてくれた」が「サンドイッチ」を修飾しています。関係代名詞 which[that] を使い、The sandwich which[that] my brother brought me φ in the evening とすれば OK です(後ろは bring 人 物「人 に 物 を持ってくる」の形で、物 が欠けた「不完全」/「弟が私に持ってきてくれた」ということなので、人 には me がくる)。

補語

補語には「その日最初にとった食事」がきます。ここでも関係代名詞を使い、the first meal that I ate φ that day とすれば OK です(後ろは ate の O が欠けた「不完全」)。

もしくは「その日最初にとった食事」→「その日の最初の食事」と考え、単に my first meal of the day と表すこともできます。

解答例①

> The sandwich {which/that} my {younger} brother brought
> me in the evening was the first meal[thing] {that} I ate that
> day.

補足 先行詞が「特定」できる場合（最上級／序数／ best ／ the only ／ the same ／ the very「まさにその〜」など）は、関係代名詞 that が好まれます。よって、the first meal <u>that</u> 〜 が自然です。

解答例②

The sandwich {which/that} my {younger} brother brought me in the evening was my first meal of the day.

「SV の一致」に注意！

補足 sandwich と meal「食事」はイメージが少しずれるので、ネイティブは thing を使った方が自然と感じるようですが、大学入試では meal を使って問題ありません。

自己採点ポイント

□文構造を意識できた（SV の一致も意識できた）
□関係代名詞を正しく使えた

---

2 次の日本文を<u>与えられた書き出しにしたがって</u>、英語に訳しなさい。
驚いたことに、私の調べた資料は、私が最も重要だと思った問題について全く言及していなかった。
I was surprised to ...

関係代名詞を使いこなす

前置き部分

「驚いたことに〜」は I was surprised to 〜 に注目して、I was surprised to find[discover] that 〜「〜とわかって驚いた」とします（この to 〜 は「感情の原因（〜して）」を表す）。

that節中（SV）

「私の調べた資料」＝「私が見た［読んだ］資料」は、the materials[sources] {which/that} I looked at[read] とします。look at が最も自然で、examine「調べる」は文字・数字よりも「物体」や「人」に対して使うことが多いのでやや不自然ですが、許容範囲でしょう。

「～について全く言及していなかった」はmention／refer to ～／discuss／talk about ～「～について述べる」を使って、did not mention[refer to/discuss/talk about] ～ とすればOKです。mention／discussは「他動詞」、refer／talkは「自動詞」なので、前置詞の有無に注意してください。

途中答案　**I was surprised to find[discover] that the materials [sources] I looked at[read] did not mention[refer to/ discuss/talk about] ～**

that節中(○)

「私が最も重要だと思った問題」は関係代名詞を使い、the problem <u>which [that] I thought</u> φ was the most important とすればOKです。もともとはI thought {that} <u>S</u> was the most important「私はSが最も重要だと思った」で、そこからSが関係代名詞which[that]に変わり、前に移動した形です（I thought直後の接続詞thatは、この形では必ず省略する）。

> was の「主語」が欠けている

the problem which[that] I thought {that} φ was the most important.
S　　V　　　　　　　　　v'

解答例①

I was surprised to find[discover] that the materials [sources] I looked at[read/examined] did not mention[refer to/discuss/talk about] the problem which[that] I thought was the most important.

> that 節中の S が
> 欠けるパターン

　ちなみに、「私が最も重要だと思った問題」→「私が最も重要な問題だと思ったもの」と考え、関係代名詞whatを使ってwhat I thought φ was the most important problem とすることもできます（whatは名詞節を作り、wasのSが欠けている）。

解答例②

I was surprised to find[discover] that the materials[sources] I looked at[read/examined] did not mention[refer to/discuss/talk about] what I thought was the most important problem[what I considered to be the most serious issue].

✒ 「全く」に対応する英語はat allですが、これを文末に入れるとnotとat allが離れすぎてわかりにくいので、今回は入れなくてもOKです。

自己採点ポイント

☐ be surprised to find[discover] that 〜 が書けた

☐ 「私が最も重要だと思った問題」を関係代名詞の構造を意識して正しく表せた

3 次の日本文の下線部を英語に訳しなさい。

丘のうえに松の木が一本ある。ずっと向うに，海をへだててヴェスヴィオ火山が見える。白黒写真のそんな絵はがきを父からもらって，ながいことなくさずに持っていた。小学校一年のとき，父が洋行の旅先から送ってくれたものである。自分と妹の名でもらったことが，しかもそれがふだんはいっしょに暮らしている父から来たことがうれしかったのを覚えている。

関係代名詞の「非制限用法」を使いこなす

全体の構造

まず文の骨格「私は（過去に）〜したのを覚えている」を、I remember -ingとします（I remember that 〜でも可）。remember to 〜 は「（これから）〜するのを覚えている」なのでNGです。

「うれしい」はbe delightedを使い、I remember being delighted to 〜「〜してうれしかったことを覚えている」とすればOKです（delightは「〜を大喜びさせる」）。

「〜をもらったことが、しかも〜」→「〜をもらってうれしかったことを覚えている。しかもそれが…だったので」と構造を考えます。今回のように1文が長い場合は、日本語を区切ったり構造を変えたりして、英語に表しやすい形に変える姿勢が大切です。

to 〜 以下

to 〜 以下には、「自分と妹の名でもらったこと」「しかもそれがふだんはいっしょに暮らしている父から来たこと」という内容がきます。

「自分と妹の名でもらったこと」→「（私が）妹と自分宛のポストカードを受け

取って」と考え、to receive the postcard <u>addressed to my sister and me</u> とします（the postcard を過去分詞 addressed to 〜 が後ろから修飾している）。address は名詞「住所」が有名ですが、address A to B「Aの宛先をBにする」という動詞の使い方もあります。

✎ 日本語は「自分と妹」ですが、英語では人称代名詞を並べるときは原則「2人称→3人称→1人称」の順番なので、my sister and me の語順が適切です。

> **途中答案**   **I remember being delighted[being pleased/feeling happy] to receive the postcard addressed to my sister and me, 〜**

「しかも」の追加部分

後半の骨格は「しかもそれが父から来たこと（来たので）」なので、especially since it was from our dad とします。そして、our dad を「ふだんはいっしょに暮らしている」と補足説明します。関係代名詞の非制限用法（, who 〜）を使い、our dad, who was usually with us[who {usually} lived with us] とすればOKです。

✎ もし制限用法（コンマなし）を使うと、「ふだんはいっしょに暮らしている父」の他に「ふだんはいっしょに暮らしていない父」が存在する可能性を示唆します（もちろんその可能性もゼロではありませんが、本番では非制限用法を使った方が無難でしょう）。

> **解答例**
>
> I remember being delighted[being pleased/feeling happy] to receive the postcard addressed to my sister and me, especially since it was from our dad, who was usually with us[who {usually} lived with us].

> 頻度の副詞（usually）は「not と同じ位置」と考える！

自己採点ポイント

□ remember -ing ／ be delighted to 〜 が書けた
□ 関係代名詞の非制限用法が使えた

【制限用法 vs. 非制限用法】

① He has three daughters who are married.「彼には、結婚している娘が3人いる」
② He has three daughters, who are married.「彼には娘が3人いて、全員結婚している」

①　制限用法：three daughters を who are married が制限しています。「結婚している娘が3人」というだけで、「結婚していない娘」がいる可能性を示唆します。

②　非制限用法：関係代名詞の直前にコンマを置く形（〜, who ... のような形）を「非制限用法」といいます。前の名詞を制限するのではなく、単なる「補足説明」を加えるときに使います。こちらの場合、「娘は3人いる」ことを示し、そこに補足として「ちなみにその3人は結婚しています」と付け足しているわけです。

delightは「顔にパッとライト（light）が照らされるようにうれしくさせる」と考えてください。トルコのお菓子でTurkish delightというものがあるので画像検索してみてくださ。子どもの顔がパッと明るくなるような見た目ですよ。

1 19世紀の画家たちが生涯を捧げた絵画の美しさに私は大いに興奮した。

「前置詞＋関係代名詞」を使いこなす

全体の構造

文の骨格は「〜に私は大いに興奮した」なので、I became[got] very excited by 〜 とします。exciteは「〜を興奮させる」なので、be excited で「興奮させられる」→「興奮している」です（beの代わりにbecomeやgetを使うと、「興奮する」という変化を表します）。その後ろは the beauty of the paintings 「絵画の美しさ」とつなげます。

途中答案 I became[got] very[really/extremely] excited by the beauty of the paintings 〜

修飾部分

そして「19世紀の画家たちが生涯を捧げた」が「絵画」を修飾します。devote [dedicate] A to B「AをBに捧げる」の形を利用し、関係代名詞でつなげればOKです。

the paintings <u>to which {the} 19th-century artists devoted[dedicated] their lives</u> φ 「19世紀の画家たちが生涯を捧げた絵画」となります。もともとは {the} 19th-century artists devoted[dedicated] their lives to <u>the paintings</u> 「19世紀の画家たちが生涯を絵画に捧げた」で、the paintings を関係代名詞 which に変え、to which をセットで前に移動した形です。

✒ ちなみに、19th-century はハイフンを使って形容詞化しています。今回は直後の artists を修飾する「形容詞」の働きなので、ハイフンを使った方が適切です。

解答例

I became[got] very[extremely/really] excited by the beauty of the paintings to which {the} 19th-century artists devoted[dedicated] their lives.

参考解答例
I became[got] very[extremely/really] excited by the beauty of the paintings which {the} 19th-century artists devoted [dedicated] their lives to.

補足 上記は 19th-century artists devoted[dedicated] their lives to the paintings 「19世紀の画家たちが生涯を絵画に捧げた」で、the paintings を関係代名詞 which に変え、which のみを前に出した形です。書き言葉では「前置詞＋関係代名詞」をセットで前に出すことを好む人もいますが、逆に話し言葉では which のみを前に出すことが好まれる傾向にあります。

疑問詞変換を使ったパターン

「絵画の美しさ」→「どれほど絵画が美しかったか」と考えて、how beautiful the paintings were と表すこともできます（今回は how beautiful 〜 were の間の名詞句が長くてやや不自然ですが、入試では十分です）。「疑問詞を使って表す」発想は英作文でとても大切なので、確認しておきましょう。

参考解答例
I became[got] very[extremely/really] excited at how beautiful the paintings to which 19th-century artists devoted[dedicated] their lives were.

「疑問詞変換」という発想は英作文で大活躍する！

自己採点ポイント

□ become[get] excited が書けた
□ 「前置詞＋関係代名詞」を正しく使えた
□ 「捧げる」に devote[dedicate] A to B を使えた

2　次の日本文の下線部を英語に訳しなさい。

自分がやられて嫌なことは他人にもするな。自分がやられて嬉しいことを他人にもしてあげなさい。

関係代名詞whatを使いこなす

中心部分

まず「他人にもするな」を Don't do to others[other people] とします。「(漠然と)他人」を表すときは、the なしの others や other people を使います。

do の目的語

「自分がやられて嫌なこと」は関係代名詞 what を使います。「自分が、他人が自分に対してやってほしくないこと」と考え、want ｜人｜ to ～「｜人｜に～してほしい」の形を使って、what you don't want them to do to you とすれば OK です(この you は総称用法)。

✏ 第3文型(SVO)は「他動詞の直後に目的語(名詞)がくる」のが原則ですが、目的語の部分が長い場合には他動詞と目的語の間に副詞(句)(ここでは to others)が割り込むことがあります。つまり、SVOM になるところが、SVMO となるわけです。今回も Don't do <u>what ～</u> to others. がもともとの語順ですが、目的語(what ～)が長いので、後ろに移動しています。

解答例①

Don't do to others[other people] what you don't want [wouldn't like] them to do to you.

「自分がやられて嫌なことを他人にもするな」→「自分が扱われたくない方法で、他人を扱うな」と考えて、Don't treat others the way ～ と表すこともできます (the way と how は一緒に使えず、必ずどちらかを省略する必要があります)。

treat は「治療する・おごる」の意味もありますが、本来は「取り扱う」で、英作文でとても便利な単語です(「患者を取り扱う」→「治療する」、「良い扱いをする」→「おごる・ごちそう」となりました)。

解答例②

Don't treat others[other people] the way you don't want[wouldn't like] to be treated {yourself}.

✏ ちなみに、聖書には以下のような一節があり、今回の問題文はこれを利用したものだと考えられます。
   ・Treat others as you would like others to treat you.
   ・Do not treat others in ways that you would not like to be treated.

自己採点ポイント

☐ 「他人」を others や other people と表せた
☐ 関係代名詞 what や、the way 〜 を使えた
☐ want[would like] 人 to 〜 が書けた
☐ 「総称」を表す you を使えた

3

彼らは遊ぶのが楽しく，いつでも遊べるときには遊ぼうとします。

複合関係詞を使いこなす

前半

「彼らは遊ぶのが楽しく」を文字通り enjoy -ing 「〜することを楽しむ」としても OK ですし、「彼らは遊ぶのが好き」と考えて like を使うことも可能です（英語としてはこちらの方が自然）。They like playing[to play] 〜／They enjoy playing 〜 とします。

後半

中心部分は「(彼らは) 遊ぼうとします」で、try to 〜 「〜しようとする」を使います。「いつでも〜ときには」を見て、複合関係詞 whenever 「たとえいつ〜でも」を使うのがポイントです。「いつでも遊べるときには」は whenever they can {play} となります（play が連続してくどいので、whenever they can までにしておくのが理想）。

解答例

> They like playing[like to play/enjoy playing] and {they} try to play whenever they can.

補足 whenever の代わりに every time を使うのは、今回は不自然です。whenever は「いつでも」を表しますが、every time は「〜するたびに・毎回」という意味で、その行動がはっきりと数えられるような場合に使われます。今回の日本文「いつでも遊べるときには」とは少し合いません。

もしくは「いつでも遊べるときに」→「いつでもチャンスがあれば」と考えて、whenever they have[get] the chance[opportunity] と表すこともできます。

They like playing[like to play/enjoy playing] and {they} try to play whenever they have[get] the chance[opportunity].

自己採点ポイント

☐ try to ～ が書けた
☐ whenever で文をつなげられた

4

次の日本文の下線部を英語に訳しなさい。

母が言った。「どんな夢でも、それを達成するために努力することが大切なのよ。」

複合関係詞を使いこなす

前置き部分

日本文「どんな夢でも」を見て、複合関係詞whatever「たとえどんな～でも」を使うのがポイントです。以下の2通りの表し方があります。

途中答案① **Whatever[No matter what] your dream is, ～**
（直訳：たとえあなたの夢がどんなものでも、～）　※複合関係代名詞

途中答案② **Whatever[No matter what] dream you have, ～**
（直訳：たとえあなたがどんな夢を持っていても、～）
※このwhateverは「複合関係形容詞」で、直後の名詞dreamを修飾しています。

中心部分

骨格は「努力することが大切」で、it is important to work[try] {hard} ／ it is important to make an effort と仮主語構文を作ります。英作文では「努力する」を表す表現は非常によく狙われるので、しっかりチェックを。

【～するよう努力する・心がける】

① **work[try] to ～**　※workは本来は「がんばる」という意味です（「仕事をがんばる」
　　　　　　　　　　　→「働く」となっただけ）。強調するときはhardを使って、work[try]
　　　　　　　　　　　<u>hard</u> to ～ とします。

② **make an effort to ～**　※間に形容詞を入れて、make a <u>great</u> effort to ～「～する
　　　　　　　　　　　よう懸命に努力する」と表すこともできます。

③ **put effort into ～**　※put <u>more</u> effort into ～「～により力を入れる」は便利な表現
　　　　　　　　　　　です。

補足部分

「それを達成するために」は、to achieve[realize] it とします（to不定詞の副
詞的用法）。

　もしくは「それ（夢）を叶えるために」と考え、make it come true と表すこ
ともできます（有名な Dreams come true. という表現を利用して、make OC
の形に収める）。もしくは、同じく make OCの形を使って、make it a reality
「それを現実にする」と表すことも可能です。

解答例①
Whatever[No matter what] your dream is[may be], it is important to work[try] {hard}[make an effort] to achieve it[realize it/make it come true/ make it a reality].

> 「努力する」「夢を叶える」は英作文で超頻出

補足 複合関係詞が副詞節を作る場合は動詞に may を使うと習ったかもしれませんが、今では may がない方が自然と感じられることも多いようです。

解答例②
Whatever[No matter what] dream you {may} have, it is important to work[try] {hard}[make an effort] to achieve it[realize it/make it come true/ make it a reality].

自己採点ポイント

□ whatever で文をつなげた
□ work[try] {hard} ／ make an effort が書けた
□「それ（夢）を達成するために」を表せた

CHAPTER
3

文法型 [3]

1

> 猫は熱心な愛猫家が考えたがっているほど社会的に洗練された動物ではない。

as 〜 as ... を使いこなす

全体の構造

「猫は…ほど〜ではない」という構造なので、not as 〜 as ...「…ほど〜ではない」や less 〜 than ...「…より〜ない」の形にします。また、主語は「猫というもの一般」を表しているので、総称を表す無冠詞・複数形（**Cats**）にします。

✎ 昔は not <u>so</u> 〜 as ... の形で教わることが多かったのですが、現代英語では not <u>as</u> 〜 as ... を使うのが普通です。

> **途中答案**　**Cats are not as 〜 as .../Cats are less 〜 than ...**

詳細

as 〜 as の間には「社会的に洗練された（動物）」という意味の socially sophisticated を入れます（ここで〜 animal とすると、本当はやや不自然なのですが、受験生としては気にしなくて大丈夫です）。

後半の as の後ろには「熱心な愛猫家が考えたがっている」がきます。want 人 to 〜「人に〜してあってほしいと思っている」の形を使い、passionate cat lovers want them to be とすれば OK です（「愛猫家というもの一般」を表すので、無冠詞・複数形 lovers が適切／今回は 人 に them（猫）がきている）。

もともとは passionate cat lovers want them to be {socially sophisticated}「熱心な愛猫家が、猫に社会的に洗練されていてほしいと思う」で、そこから as 〜 as で表した比較の基準となる socially sophisticated を省略しています。「猫が（実際に）社会的に洗練されている程度」＜「熱心な愛猫家が、社会的に洗練してほしいと思っている程度」という関係を表すわけです。

> **解答例①**
>
> Cats are not as socially sophisticated as passionate cat lovers want them to be.

解答例②

Cats are less socially sophisticated than passionate cat lovers want them to be.

自己採点ポイント

☐ not as 〜 as ... ／ less 〜 than ... の形を使えた

☐ cats や cat lovers を「無冠詞・複数形」にできた

2 次の日本文の下線部を英語に訳しなさい。

その映画を先日見て来たのだが、思っていたよりもずっと面白かったよ。

「思っていたよりも〜」を表す

主語を補う

「それ（その映画）は面白かった」と主語を補って、It（The movie）を主語にします。英作文では「日本語に書かれていない主語を補う」作業は非常に大切です。

述語部分

「（それは）〜よりもずっと…」は比較級を強調する much を使い、It was much 比較級 than 〜 とします。比較級を強調する語はたくさんありますが、和文英訳では幅広い範囲で使える much が便利です。

　また、「面白い」には注意が必要です。日本人は interesting や funny を使いがちですが、漠然と「面白い」には good が便利なので、It was much better than 〜 とすればOKです（今回は「興味深い」と考えて interesting を使うことも可能）。

【「面白い」の区別】

①「(漠然と)面白い・楽しい」:good　②「興味深い・知的好奇心をそそる」:interesting

③「こっけいで面白い」:funny　④「ワクワクさせる」:exciting

⑤「人を楽しい気分にする・愉快な」:amusing

補足部分

「思っていたよりも〜だ」は英作文で超頻出です。

【「思っていたより」を表す頻出表現】

| ① 「(私が)思っていたより〜」: 比較級 than I {had} expected
| ② 「(世間の)考えより〜」: 比較級 than you might expect

　① think を使うと、than I thought it would be など、sv を加えた方が自然な場合も出てきてしまうため、"比較級 than I {had} expected" の形が便利です。

　② 「総称の you」を使って、「世間一般の人が考えるよりも〜・意外と〜」を表せます。世間一般の人の考えを断定はできないため、「ひょっとしたら〜かもしれない」を表す助動詞 might を使うとベターです。

解答例

It was much better[more interesting] than I {had} expected.

> "比較級 than I expected" はスピーキングでも便利！

補足 文法的には過去完了形 I had expected にするのが適切な場面でも、「思った」の方が時間的に前なのは明らかなので、単に「過去形」で OK とされています。特に日常会話では、シンプルに過去形を使う傾向があります。

自己採点ポイント

□ 主語を補えた
□ 比較級の強調を表す much が使えた
□ "比較級 than I {had} expected" が書けた

3

地球の気候変動により、雪が以前ほど降らなくなった。

「以前ほど〜」を表す

「原因」部分

　全体は「地球の気候変動（原因）→ 雪が降らなくなった（結果）」の関係です。「地球の気候変動により」には、because of 〜／ due to 〜「〜が原因で」などを使えば OK です（45 ページ）。

「地球の気候変動」は {global} climate change とします。英語では climate change だけでよく使いますが、今回は日本語に「地球の」があるので global を入れてもいいでしょう。

🖋 最近はglobal warming「地球温暖化」に代わって、climate change「気候変動」が使われることが増えてきました。というのも、世界中の地域がすべて暑くなるとは限らず、寒くなる地域があったり、他にも豪雨や乾燥などさまざまな問題があり、それらを包括的に表すためです。

「結果」部分

「雪が以前ほど降らなくなった」では、比較の頻出表現「以前より〜」がポイントです。

【「以前より〜」を表す頻出表現】

① 「以前より〜だ」： 比較級 **than before**

② 「Sは以前より〜する」： SV（現在形） 比較級 **than S used to 〜**

　※used to 〜「かつて〜していた」

③ 「Sは…年前より〜する」： SV（現在形） 比較級 **than SV（過去形） ... years ago**

🖋 used to 〜 を使うとき、前半の動詞と used to の後にくる動詞が同じなら省略するのが普通です。

> 例 Yuina spends more money than she used to. 「ユイナは以前よりも多くのお金を使っている」 ※ than she used to {spend 〜 } の spend 〜 が省略されています。

「雪が以前ほど降らなくなった」→「雪が以前より<u>少ない</u>量降っている」と考え、it snows <u>less</u> than before ／ it snows <u>less</u> than it used to とします。

🖋 「天気・時間」の it です。

解答例①
> Because of {global} climate change, it snows less than before[it used to].

「以前より〜」は英作文での頻出パターン

もしくは、as 〜 as ... の否定形"not as 〜 as ..."「…ほど〜ではない」を使うことも可能です。it doesn't snow as much as ... とします。

解答例②
> Because of {global} climate change, it doesn't snow as much as before[it used to].

自己採点ポイント

☐ 「原因」の表現が書けた

☐ climate change が書けた

☐ 比較級 than before ／ SV 比較級 than S used to 〜 が使えた

3
文法型
[3]

次の日本文を [　　] の語を使って英語に訳しなさい。

もう少し安いのはありませんか。(8 語)

[anything / little / expensive]

比較の「差」を表す

全体の構造

「～はありませんか」→「あなたは～を持っていますか」と考え、Do[Don't] you have ～ ? とします。「ある」から There is 構文を考えて Is there ～ ? とした人も多いでしょうが、これだと指定語数に合わなくなるので、今回は Do [Don't] you have ～ ? が適切だと判断できます。この have を使う発想は英作文でとても大切なので、これを機にしっかり意識しておいてください。

have の目的語

「もう少し安いの」＝「もう少し安いもの」は、語群の anything を後ろから修飾する形を考えます。something ／ anything などは形容詞が「後ろから」修飾します（something hot などでおなじみですね）。

「もう少し安い」は語群の little と expensive を使って、a little less expensive とします。「差が小さい」ことを表す場合は、比較級の前に a little などを置きます（36 ページにも出てきましたね）。a little 比較級 で「もう少し～」を表せるわけです。

【差を示す3パターン】

①差が大きいとき →「強調語」を使う(much など)
②差が小さいとき → a little・a bit・somewhat などを使う
③差を数字で示したいとき →「具体的な数字」を使う　例：two years older「2歳年上」

解答例

Do[Don't] you have anything a little less expensive?

補足 日本文は否定形ですが、Do がベストです。わざわざ Don't とすると、（口調によっては）客がイライラして「ねえ、もうちょっと安いものないの？」といった感じに聞こえる可能性もあります。

補足 仮に 7 語でも OK な場合は、以下の Is there 〜？　を使った英文も自然です。

Is there anything a little less expensive?

自己採点ポイント

□ Do[Don't] you have 〜？　の形にできた
□ anything を後ろから修飾できた
□ "a little 比較級" が書けた

今回の解答例、パッと口をついて出るまで練習
してみてください。海外旅行で役立ちますよ。

1

次の日本語を英訳しなさい。

※長文の中での英作文で、文頭の「これ」は「ヒンディー語」のことを指しますが、itを使ってください。

これは世界で4番目に最も多く話されている言語だが，その話者は主にインドの一地域に集中している。

「○番目に～だ」を表す

従属節

全体は「～だが、…」なので、Although sv, SV.「svだけれどもSVだ」を使います（SV, but SV.「SVだがSVだ」としてもOKです）。

従属節には「これは世界で4番目に最も多く話されている言語だ」がきますが、ここでは「○番目に～だ」の表し方がポイントです。

最上級は「一番～」という意味ですが、「2番目・3番目…」と言いたいときは、theの後ろに「序数（second, thirdなど）」を置きます。the 序数 最上級「○番目に～だ」の形です。もちろんmostを使った最上級の場合も同様です（theの直後に序数を置きます）。「4番目に最も多く話されている言語」は序数fourthを使い、the fourth most spoken language とすればOKです。

主節

主節には「その話者は主にインドの一地域に集中している」がきます。「その話者」はits speakers、「～に集中している」はbe concentrated in ～ です。

解答例①

Although it is the fourth most spoken language in the world, its speakers are {mainly} concentrated in one[a certain] area of India.

補足 「主に」に対応する英語はmainlyですが、英語としてはbe concentrated in ～ のみで自然なので、mainlyはなくてもOKです。

be concentrated in 〜 が思いつかない場合は、「その話者は〜に<u>集中してい</u><u>る</u>」→「ほとんどの話者は〜に<u>いる・住んでいる</u>」と考えて、most {of its} speakers are[live] in 〜 と表すことも可能です。「集中」という「漢字」の表現をそのまま英語にするのが難しければ、いったん「ひらがな」を使った言葉に言い直してから訳すような発想です。

✏ （○) most speakers／most of its speakers が正しく、（×) most of speakers は NG です。必ず "most 名詞" か "most of 特定名詞" の形で使います。most に限らず、部分を表す of の後ろには「特定名詞 (the ＋名詞／所有格＋名詞／代名詞)」がきます。

解答例②

> Although it is the fourth most spoken language in the world [It is the fourth most spoken language in the world, but] most {of its} speakers are[live] {mainly} in one[a certain] area of India.

> 漢字は「ひらがな」に分解してみる！

自己採点ポイント

☐ the 序数 最上級「○番目に〜だ」が書けた
☐ although や but で文がつなげた
☐「その話者は〜に集中している」を表せた

---

2 切手（**stamps**）はどこで買うことができますか？

疑問詞を使いこなす

主語を補う

「<u>私は</u>どこで〜できますか？」と主語を補って、Where can I 〜? とします。その後に buy[get/find] stamps「切手を買う」を続ければ OK です。

✏ 「〜は」「〜が」の部分が主語になると思い込んでいると、「切手は」を見てこれを主語にしたくなりますが、英作文では主語を柔軟に考えてください。

解答例①

> Where can I buy[get/find] stamps?

間接疑問文で表してみる

　解答例①でも満点ですが、いきなりでぶしつけな印象を与えるので、「切手はどこで買うことができますか？」→「切手はどこで買うことができるか教えてくれますか？」と考え、間接疑問文を使った方が丁寧になります。

　ここでは「教える」の使い分けがポイントです。

【「教える」の区別】

① **teach:**「（技術などをきちんと）教える」
② **tell:**「（相手が知らない情報を）教える」
③ **show:**「（視覚で示して）教える」

　今回の「どこで〜できるか<u>教えて</u>」は「（相手が知らない情報を）教える」ですから、tell が適切ですね。Could you tell me 〜？とすれば OK です。「どこで私は切手を買うことができるか」は文の途中に「疑問文」が埋め込まれた「間接疑問文」で、語順に注意してください。間接疑問では「普通の語順（SV の順）」で、倒置にはしません。

　Could you tell me 〜 の後に、where I can buy stamps と SV の語順でつなげれば OK です。間接疑問文は形式上は Yes・No で答える疑問文ですが、正体は「Wh-で始まる疑問文を丁寧にしたもの」なのです。日本語でも「どこで買える？」と言うより、「どこで買えるか教えていただけますか？」と言った方が、Yes・No で答える余地を与えるので丁寧になりますね。

解答例②	
Could[Can] you tell me where I can buy[get/find] stamps?	間接疑問文を使うと「丁寧」な印象になる

自己採点ポイント

□主語を補って正しく疑問文が書けた
□間接疑問文の働きが理解できた

3 次の文章を読んで、下線部を英語に訳しなさい。

Complicated things, everywhere, deserve a very special kind of explanation. <u>私たちはそれらがどうやって誕生したのか, なぜそんなに複雑なのかを知りたいのである。</u>

間接疑問文を使いこなす

全体の構造

　文の骨格は「私たちは〜なのかを知りたい」なので、We want to know 〜 とします。問題文の「〜のである」は理由やまとめを表す（強める）だけで、英訳する必要はありません。

knowの目的語

　knowの目的語は「どうやって〜・なぜ〜」の部分ですが、間接疑問文（SVの語順）に注意してください。「それらがどうやって誕生したのか」はhow they came into beingとします。come into beingは「存在する状態（being）の中に入ってくる（come into）」→「誕生する」という熟語です。もしくはappear「出現する」を使って、how they first appeared「それらがどうやって初めて出現したか」と表すことも可能です。

　「（それらが）なぜそんなに複雑なのか」はwhy they are so complicatedとします。soは「とても」の印象が強いかもしれませんが、「それほど・そんなに」が本来の意味です。

✎ so 〜 that ... 「とても〜なので…だ／…なくらい〜だ」という表現も、本来はsoが「それほど」を表し、that ... が「どれほど？」かを説明しているだけなんです。

解答例

We want to know how they came into being [how they first appeared] and why they are so complicated.

> まずは文構造を決める！

自己採点ポイント

□ We want to know how 〜 and why ... の構造にできた
□ howとwhyで始まる間接疑問文を正しい語順で書けた
□ 「そんなに」にsoを使えた

複雑な事象はどこにでもあるものだが、とても特殊な説明をするのに値する。<u>私たちはそれらがどうやって誕生したのか、なぜそんなに複雑なのかを知りたいのである。</u>

---

4 次の大統領には誰がなると思いますか。

疑問文を正しい語順で書く

全体の構造

まず「<u>あなたは</u>誰が〜と思いますか」と主語を補います。疑問文の語順に注意が必要で、Who do you think 〜 ? と Do you think who 〜 ? のどちらにするかで迷うかもしれませんが、以下のように考えればカンタンです。

【疑問文の語順】

疑問文の語順で迷ったら、Yes・Noで答えるときは「倒置（Do you 〜? など）」、Yes・Noで答えないときは「疑問詞（Where 〜? など）」の順番になります。

> ① **Do you know where she lives?**「彼女がどこに住んでるか<u>知ってる?</u>」
> ② **Where do you think she lives?**「彼女がどこに住んでると<u>思う?</u>」

① 「彼女がどこに住んでるか知っている?」には、「知っている／知らない」のようにYes・Noで答えますね。よって、**Do you know where** she lives? の順番で使います。

② 一方、「彼女がどこに住んでると<u>思う?</u>」にはYes・Noで答えられません。「〜に住んでいると思う」のように答える必要がありますね。そのため、**Where do you think** she lives? の語順になるわけです。

　今回の「誰が〜になると思う?」に対しては、「○○がなると思う」のように答えますね。Yes・Noでは答えないので、疑問詞Whoから始めるわけです。

　You think {that} ○○ will become the next president. 「あなたは○○が次の大統領になると思う」を疑問文（Do you think ○○ will become the next president?）にしてから、○○の部分を疑問詞whoに置き換えて文頭に持っていけばOKです。

解答例

Who do you think will become[be] the next president?

「Yes・No で答える」→「倒置」／「Yes・No で答えない」→「疑問詞が先頭」

　becomeを使わずに、以下のように表すこともできます。もともとはYou think {that} the next president will be ○○．「次の大統領は○○だろう」で、それを疑問文にしています。

参考解答例

Who do you think the next president will be?

3

文法型[3]

自己採点ポイント

□ Who do you think 〜 ? の順番で書けた
□ もともとの英文を意識して、疑問詞 who が正しく使えた

「Do you knowは文頭で、Do you thinkは文中」なんてルールを暗記する必要はないのです！

1
成功するためには、リスクをとらなければならず、持っているもので
最善を尽くさなければならない。

「一般の人」を表す

前置き部分

「〜するためには」はTo 〜 でOKですが、はっきり「目的」と明示したい場合
にはIn order to 〜 とします。{in order} to succeed「成功するためには」です。

主語の決定

　問題文に主語が書かれていませんが、「一般の人・（漠然と）人々」と考えて
youを使います。ここでweやtheyを使う受験生が多いのですが、使い方に制
限があるため、実際にはyouがとても便利です。

【「一般の人」を表す単語】
① **you:** 「総称のyou」と呼ばれる用法／一番よく使う
② **we:** 話者を含んだ特定集団
③ **they:** weと対を成すもの／「業者」「一般のうわさ」のとき
④ **one:** 堅苦しい表現

　theyは「weと対立する集団」に使います。たとえば、weが「現代人」を表
している場合、「昔の人々」にtheyを使うわけです。また、漠然と一部の人を
表すときにも使われます（店員・業者・一般のうわさなど）。

中心部分

「リスクをとらなければならず、最善を尽くさなければならない」は、you
have to[must] take risks and do your bestとします。take a risk「リスクを
とる・危険を冒す」と do one's best「最善を尽くす」は決まり文句です。

補足部分

「持っているもので」は関係代名詞 what を使い、with what you have とすれば完成です（主語は同じく総称の you ／ with は「道具（～を使って）」を表す）。

✐ make the best of ～「～を最大限に活用する」を使い、make the best of what you have「持っているものを最大限に活用する（持っているもので最善を尽くす）」と表すこともできます。

解答例

{In order} to succeed, you have to[must] take risks and do your best with[make the best of] what you have.

> 「誰にでも当てはまること」には you を使おう！

自己採点ポイント

□ 主語を you にできた
□ take a risk[risks] ／ do one's best を使えた
□「～を使って」の with を使えた
□ 関係代名詞 what を使えた

2

次の日本文を [　] の語を使って英語に訳しなさい。

彼はこのことには関係ないと思う。(11語)

[don't / to do / the matter]

「まったく～ない」を表す

全体の構造

文の骨格は「私は～ないと思う」なので、語群の don't を利用し、I don't think {that} ～ とします。

✐ 英語の世界では「否定語はできるだけ前に置く」という原則があるので、「彼は正しくないと思う」を表す場合、(△) I think that he is <u>not</u> right. よりも（○）I <u>don't</u> think that he is right. が適切です。自由英作文でもよく使うので、より自然な表現を書けるようにしておきましょう。

that節中

　日本文「関係ない」と語群の to do に注目して、have nothing to do with ～「～とまったく関係ない」という熟語を使います（46ページ参照）。今回は don't があるので、"no = not ～ any"の関係から、nothing を not ～ anything に分解すれば OK です。I don't think he has anything to do with ～「彼は～とまったく関係ないと思う」となります。「このこと」は語群の the matter を使います。

解答例

> I don't think he has anything to do with the matter.

（with は「関連（～について）」）

　ちなみに、日本語では「どんな～もない」と any の訳「どんな」が先にきますが、（×）any ～ not の語順は存在しません。必ず（○）not ～ any の順番で書くように注意してください。

✎ not は原則「自分より"右側"を否定する」と考えてください。not の左側に any があっても否定できないというイメージです。

自己採点ポイント

☐ I don't think で文を始められた
☐ have nothing to do with ～ を思いついた
☐ nothing を not ～ anything に分解できた

3

いつの世も，大衆はヒーローを待望する。だが，ヒーローは必ずしも，正義の味方であるとは限らない。

部分否定を使いこなす

【1文目】前置き部分

「いつの世も」→「どの時代でも」と考えて In all ages、「歴史を通じて」と考えて throughout history、「歴史上いつでも」と考えて at all times in history などとします。

【1文目】中心部分

「大衆はヒーローを待望する」はwait for ～「～を待つ」やwait for 人 to ～「人 が～するのを待つ」を使い、the people wait for a hero {to appear}とすればOKです。waitは「（ワクワクして）待つ」のニュアンスで使われることが多く、waitだけで「待望する」を表せます（日常会話で、I can't wait!「待ちきれないよ！」「すごく楽しみ！」とよく使われます）。

✎ 「大衆」を英語にするのは難しいですが、the peopleやthe general publicでOKです。

解答例①

In all ages[Throughout history/At all times in history], the people[the general public] wait for a hero {to appear}.

3
文法型[3]

　もしくは「大衆はヒーローを待望する」→「大衆はヒーローが出現してほしいと思っている」と考え、The people want heroes to appear. としてもOKです（want 人 to ～「人 に～してほしいと思う」）。

解答例②

In all ages[Throughout history/At all times in history], the people[the general public] want heroes to appear.

自己採点ポイント

□「いつの世も」を表せた
□「～を待望する」を柔軟に表せた

【2文目】全体の構造

　日本文「必ずしも～であるとは限らない」に注目して、not always[necessarily] ～「いつも[必ずしも]～とは限らない」やnot all ～「すべてが～とは限らない」とします。"not ＋ 全部 ＝部分否定"と押さえてください。

【 全部 を表す語】

□all「すべての」／both「両方の」／every「すべての」
□always「いつも」／necessarily「必ず」
□completely「完全に」／altogether「まったく」／entirely「まったく」／quite「まったく」

その他の重要点

「正義の味方」は英語にしづらいですが、「正義の味方」→「正義の側にいる・正義を支持している」と考えて on the side of ～「～の側に・～を支持して」を使ったり、「正義のために戦う」と考えて fight for ～「～ために戦う」を使えば OK です。

また、「正義」は justice ですが、これが思いつかない場合は good を使えばいいでしょう（受験生としては十分）。難しい表現は「子どもに説明する」つもりで考えると、英語にしやすくなります。

解答例①
However, heroes are not always[necessarily] on the side of justice[good].

> 難しい表現は「子どもに説明する」つもりで！

解答例②
However, heroes do not always[necessarily] fight for justice[good].

解答例③
However, not all heroes are on the side of[fight for] justice[good].

自己採点ポイント

☐ not always[necessarily] ～ などの部分否定が書けた
☐ 「正義の味方」をかみ砕いて表現できた

4

次の日本文に相当する意味になるように英文の空所を埋めなさい。

彼女を除いて誰もその数学の問題を解くことができなかった。

Nobody (   ).

「～を除いて」を表す

主語

文頭が Nobody と決まっているので、Nobody except her「彼女を除いて誰も～しない」とします。「除いて」でパッと浮かぶのは except で、もちろん

これも OK ですが、but にも前置詞用法「〜を除いて」があり、こちらもしっかりチェックしておきましょう。

✎ but は前置詞なので、後ろには her がきます。つい Nobody but she と書いてしまうネイティブも多いようで、これも容認されますが、受験生は原則通り her を使っておきましょう。

述語部分

「できた」で思いつくのが could だと思いますが、could の本当の意味は「やろうと思えばできた」です。

例 He could run fast when he was a child. 「子どものころ、速く走ることができた」

could は仮定法のニュアンスが含まれるので、「もしやろうと思えば（いつでも）できた」に使われるので、よって「（ある場面で一度だけ）できた」という場合に could は使えません。その場合は was able to 〜 などを使います（他に、managed to 〜「なんとか〜できた」、succeeded in -ing「うまいこと〜できた」、単に「動詞の過去形」なども OK）。

（○）Fortunately, I was able to meet him. 「ラッキーなことに、彼に会うことができた」

（×）Fortunately, I could meet him.

今回のような否定文の場合は（どっちにしろ「できない」と否定してしまうので）could でも was able to でも OK です。ただ、英作文では、was able to 〜 を使う習慣をつけておくといいでしょう。

解答例
Nobody (but her[except her] was able to[could] solve the math problem).

参考解答例
万が一「解く」が出てこなかった場合
Nobody (but [except] her was able to[could] answer the math problem[get the answer to the math problem]).

自己採点ポイント
□ Nobody but[except] her が書けた
□ could と be able to の違いを意識できた

1

なぜあなたは故意に私を怒らせたのですか。その理由を教えてください。

make OCを使いこなす

【1文目】全体の構造

　骨格は「なぜあなたは〜したのですか」なので、**Why did you 〜？** とします。「私を怒らせる」は make OC「O を C にする」の形を使い、**make me mad[angry]** とすればOKです。

✎ mad は「気が狂っている」と覚えている人が多いのですが、もっとカジュアルに「怒った」という意味でもよく使われます。mad を使いこなせる受験生は少ないですが、実際の日常会話ではよく使われています（洋画などでも頻繁に聞きます）。

解答例

> Why did you make me mad[angry] on purpose?

　on purpose「故意に」の代わりに、**deliberately** や **intentionally** を使うこともできます。この場合は、on purpose と同じく文末に置いても許容範囲ですが、下記の語順の方が自然です。

参考解答例

> Why did you deliberately[intentionally] make me mad[angry]?

> on purpose
> ≒ deliberately
> ≒ intentionally
> 「故意に」

自己採点ポイント

- □ Why did you 〜？の形が書けた
- □ make OCの形にできた
- □ on purpose/deliberately/intentionally が書けた

【2文目】

　「〜してください」は命令文にします。「その理由を<u>教えて</u>」は「（相手が知らない情報を）教える」ですから、**tell** が適切ですね（78ページ）。tell は "tell 人 物"

の形が基本なので、me を補い、Tell me why. ／ Tell me the reason. とすれば
OK です。

解答例

> {Please} Tell me why[the reason].

補足 Tell me why. の方がシンプルで、会話ではよく使われます（曲名や歌詞でも頻
繁に使われています）。

自己採点ポイント

□「教える」に tell が使えた
□ tell 人 物 の形にできた

2　次の日本文に相当する意味になるように英文の空所を埋めなさい。
友人のひとりが「どうしてそんなに簡単にお金がもうけられると思う
の」と尋ねた。
A friend of mine asked, "What (　　　　　　　　　　　)?"

make OCを使いこなす

全体の構造

　日本文「どうして」と空所直前 What に注目して、What makes you think
{that} 〜？「どうしてあなたは〜と思うの？」と書けるかがポイントです。S
makes OC「S によって O は C する」の形で、直訳「何によってあなたは〜と思
うの？」→「どうして〜と思うの？」となりました。Why do you think 〜？
よりも間接的で丁寧な印象を与えるため、会話でも便利な表現です。

think 〜以下

「あなたはそんなに簡単にお金がもうけられる」と主語を補って、you can
make money so easily とすれば OK です。so は「それほど・そんなに」の意
味でよく使われるのでしたね（79 ページ）。

✒ money は不可算名詞なので、複数の s などは不要です（money・cash は「（貨幣も紙幣
　　もまとめて）お金ひとまとめ」を表す）。ちなみに、coin「貨幣」と bill・note「紙幣」は
　　可算名詞です。

A friend of mine asked, "What (makes you think you can make money so easily)?"

What makes
OC?に慣れて
おこう！

参考解答例

A friend of mine asked, "What (makes you think it is so easy to make money)?"

A friend of mine asked, "What (makes you think making money is so easy[simple])?"

自己採点ポイント

☐ What makes you think 〜 ? が書けた
☐ 「そんなに」に so が使えた
☐ money を不可算名詞として使えた

3

「お待たせしてすみません。」
「いいえ、私もいま来たところです。」

keep[leave] OCを使いこなす

【1文目】中心部分

「〜してすみません」は to 不定詞の副詞的用法を使って、I'm sorry to 〜 とします。ただし、「待たせた」のは過去のことで、I'm sorry（現在形）と時制のズレがあるので、完了不定詞 "to have p.p." を使って、I'm sorry to have p.p. 「〜してしまってすみません」がベストです（このへんはネイティブも to 原形 を使うことが多いので、それでも十分ですが）。

【1文目】補足部分

「人を待たせる」は keep OC 「O を C の状態に保つ」の形を使い、keep [leave] 人 waiting とします。keep・leave の語法でよく出るのが「〜させっぱなし」のパターンです。

【「〜させっぱなし」のパターン】

① 水を流しっぱなし	**leave[keep] the water** running
② エンジンをかけっぱなし	**leave[keep] the engine** running
③ 彼女を待たせっぱなし	**leave[keep] her** waiting
④ ドアにカギをかけっぱなし	**leave[keep] the door** locked
⑤ 窓を開けっぱなし	**leave[keep] the window** open

解答例

I'm sorry to have kept[keep/leave] you waiting.

補足 厳密に言えば、ここでは keep を使った言い方だけが正解です。leave 人 waiting は「一度会ってから、その人のもとを離れて待たせる」ような限られた状況で使うからです。たとえば、「病院の受付の人が患者と話をしていて、途中で受付の人がしばらくその場を離れた後に戻った」場合に leave を使います。その一方で、「決まった場所・時間に友達と会う約束をしていて遅れた」ときには keep を使うのが普通です。

　人を待たせたときに「ごめんなさい」と謝るのは日本人の特徴で、そこまで長時間待たせていないときは Thank you for waiting. で OK です（長く待たせてしまったときはもちろん I'm sorry を使いますが）。

　以下のように make OC を使って表すことも可能ではありますが、keep を使うのが最も一般的です。

参考解答例

I'm sorry to have made[make] you wait.

【2文目】前置き部分

「いいえ」は No だけでも、No problem.「問題ないよ」／ Don't worry.「心配しないで」などでも OK です。

【2文目】中心部分

「私も（ちょうど）今来たところです」は、現在完了形を使うといいでしょう。「(過去に出発して) ちょうど今着いた」イメージです。

解答例①

No[No problem/Not at all/Think nothing of it/Don't worry/
No worries], I've just arrived, too.／～, I just arrived, too.

解答例②

No[～]. I've also just arrived.／～. I also just arrived.

補足 イギリス人は現在完了形（have arrived）を使うのに対し、アメリカ人はシンプルに過去形（arrived）を使う傾向があります。I just got here, too. などでもOKです。

CHAPTER

4

——

思考型

1　このバスの定員は50名だ。

「人」を主語にして表してみる

主語

「このバスの定員」→「このバスの最大容量」と考え、The maximum capacity of this bus とします。日本語でも「（ある場所の）収容力」を「キャパ」と言いますが、これはcapacityのことです。

補語

補語に「50名（の乗客）」がきます。「乗客」はpassengerです。「客」の区別は英作文で大事なので、以下をチェックしておきましょう。

【「客」の区別】

① 「お金を払う客」

  (1) customer「店の客」　　**(2) passenger**「乗客」　　**(3) client**「依頼人・取引先」

  (4) audience「聴衆」　　**(5) spectator**「観客」

② 「やってくる客」

  (1) visitor「訪問客・観光客」　**(2) guest**「招待客・宿泊客」

解答例①

The maximum capacity of this bus is 50 passengers.

解答例①が最も自然ですが、実際に the maximum capacity を書ける受験生はあまりいないでしょう。そこで「このバスの定員は50名だ」→「最大50名までこのバスに乗れる」と考えます。

解答例②のように Up to 50 people「最大50人まで」を主語にすることで、英語にしやすくなります。英作文では「人」を主語にする発想がとても便利です。

解答例②
> Up to 50 people can ride this bus.

「このバスには50席ある」と考えて、以下のように表すことも可能です。厳密には「座席」の数と「定員」は異なりますが、この解答でも合格点は取れるでしょう。

参考解答例
> There are 50 seats on this bus.
> This bus has 50 seats.
> This bus seats {up to} 50 passengers.

✎ 3行目のseatは「〜分の席がある・〜を収容する」という動詞

自己採点ポイント
□ 「定員は50名」を柔軟に表せた

2
> 発展途上国による乱開発を責めるよりも，私たちの経済活動が地球に及ぼす影響を考えることにもっと時間をかけるべきだ。

「乱開発」を柔軟に表す

全体の構造

文の骨格は「私たちはBよりも、Aにもっと時間をかけるべきだ」です。spend 時間 -ing「〜するのに 時間 を費やす」を使い、We should spend more time A {rather} than Bとします。

"A"部分

"A"には「私たちの経済活動が地球に及ぼす影響を考えること」がきます。「〜を考えること」はthinking about 〜とします。「私たちの経済活動が地球に及ぼす影響」は関係代名詞を使い、the effect {which} our economic activities have φ on the earthとすればOKです（もともとはhave an effect on 〜「〜に影響を与える」の形で、英作文ではとても役立ちます）。

もしくは「私たちの経済活動がどのように地球に影響を及ぼすか」と考え、

4

思考型

how our economic activities affect the earth と表すこともできます（疑問詞で表す発想は英作文で大切）。affect は動詞「～に影響を与える」です（名詞 effect「影響」との区別に注意）。

"B"部分

"B" には「発展途上国による乱開発を責める」がきます。「発展途上国を乱開発のことで（乱開発を理由に）責める」と考え、blame[criticize] 人 for ～「人 を～のことで責める」を使えばOKです。今回は 人 の部分に developing countries「発展途上国」がきます。

> 解答例①
> We should spend more time thinking about the effect{s} our {own} economic activities have on the earth {rather} than blaming[criticizing] developing countries for overdevelopment [overexploitation/uncontrolled exploitation].

> 解答例②
> We should spend more time thinking about how our {own} economic activities affect the earth {rather} than blaming [criticizing] developing countries for overdevelopment [overexploitation/uncontrolled exploitation].

補足 blaming[criticizing] developing countries for ～ の代わりに、accusing developing countries of ～ も可能です（accuse 人 of ～「人 を～のことで責める」）。

「乱開発」を簡単に表現する

上の解答例では「乱開発」を overdevelopment／overexploitation／uncontrolled exploitation（管理されていない開発）と訳していますが、他にもさまざまな表現方法があります。こういった「漢字」で書かれた難しい表現は分解すると、英語にしやすくなることが多いです。

たとえば「乱開発」→「乱暴に（＝環境について考えることなく過度に）開発すること」と考え、exploiting too much without thinking about the environment などと表せます。

〜 {rather} than blaming[criticizing] developing
countries for exploiting too much without thinking
about the environment.

> 「漢字」は分解
> してみる

さらには「乱開発」→「環境に悪い開発」と考えて、environmentally unfriendly
development／development which[that] harms the environment／
development which is not good for the environment などと訳すことも可能
です。以下は、{rather} than 〜 の代わりに文頭で instead of 〜 を使ってい
ます。

Instead of criticizing environmentally unfriendly
development[development which harms the
environment/development which is not good for the
environment] by developing countries, we should
spend more time thinking about the effect{s} our
{own} economic activities have on the earth.

> environmentally
> friendly「環境に
> 良い」をチェッ
> ク

4
思考型

自己採点ポイント

□ spend 時間 -ing が書けた
□「私たちの経済活動が地球に及ぼす影響」を effect や affect を使って表せた
□「乱開発」をかみ砕いて訳せた

3
> ヨーロッパの人はアンティーク（antique）が好きである。ヨーロッ
> パ人とアンティークは，切っても切れない関係にあると言ってもいい
> くらいだ。

「肯定」と「否定」を入れ替えてみる

【1文目】

可算名詞の総称用法がポイントです。「ヨーロッパの人」は Europeans、「ア
ンティーク」は antiques と無冠詞・複数形で表します。英作文では「○○人」
が頻出です。

【「○○人」の訳し方】

① 「日本人」：Japanese people（こちらが一般的）／The Japanese（堅い／国民全体）
② 「外国人」：people from other countries／non-Japanese people／
　　　　　　　foreign people　※foreignerは差別的・排他的な響きを持つ場合がある
③ 「西洋人」：Westerners　　□「ヨーロッパの人」：Europeans
④ 「アメリカ人」：Americans　　□「欧米人」：Europeans and Americans

解答例

Europeans love[like] antiques.

自己採点ポイント

□ Europeans が書けた
□ antiques を無冠詞・複数形で書けた

【2文目】全体の構造

　文の骨格は「～と言ってもいいくらいだ」です。主語は「一般の人々」と考えられるので、総称を表す you を使います（82ページ）。

　「～と言ってもいいくらいだ」→「～と言うことができる」と考え、You can [could] say that ～ という言い方を使えるようにしておきましょう（会話でも重宝します）。他に It can[could] be said that ～や、It is safe to say that ～「～と言っても差し支えないだろう・～と言ってもよいだろう」を使うことも可能です。

【2文目】that 節中

「切っても切れない」を直訳すると inseparable「分離できない」などが考えられますが、受験生が自信を持って使うのは難しいですよね。そこで「肯定」と「否定」を入れ替えてみます。「切っても切れない関係にある」→「とても強いつながりがある」と肯定にすれば、there is a very strong connection between them と表せるわけです。この「肯定 ⇔ 否定」の入れ替えは英作文でとても役立ちます。

解答例①

You can[could] say that there is a very strong connection between them.

解答例②

It can[could] be said [It is safe to say] that there is very strong connection between them.

　もしくは、「切っても切れない関係」→「大事なもの・必要なもの」「それなしでは生きていけない」と考えて表すこともできます。以下では、consider OC「OをCとみなす」の形を使っています。

参考解答例

You can[could] say that they[Europeans] consider them [antiques] essential[necessary].

You can[could] say that they[Europeans] cannot live[do] without them[antiques].

　少し難しい表現ですが、be rooted in ～「～に根差している」という表現もあります（長文で見かけるので、この機会にチェックを）。

参考解答例

You can[could] say that antiques are deeply rooted in European culture.

自己採点ポイント

□ You can[could] say that ～ ／ It can[could] be said that ～ が書けた
□ 「切っても切れない関係」を柔軟に表せた

今回の「言ってもいいくらいだ」を会話でパッと使えるとなかなかカッコいいですよ！

4

思考型

1

次の日本文を与えられた書き出しにしたがって、英語に訳しなさい。
ロンドンで医学の勉強をしていた時、私は、その都市に暮らした偉大な芸術家ゆかりの歴史的建造物をしばしば訪れた。

While _____ .

「ゆかりの」を子どもに説明する発想で表す

全体の構造と従属節

　文頭に While があるので、While sv, SV.「sv している間（時）、SV する」の形を考えます。「ロンドンで医学の勉強をしていた時（途中）」には、過去進行形を使い、While I was studying medicine in London とします。medicine は「薬」の意味が有名ですが、本来は「医学・医療」という意味です（形容詞 medical「医療の」からも理解できますね）。

主節（中心部分）

　主節の骨格は「私は～の歴史的建造物をしばしば訪れた」なので、I often visited historic[historical] buildings ～ . とします。often などの頻度を表す副詞は「not と同じ位置」と考えれば OK です。historic「歴史的に重要な」と似た単語に、historical「歴史の」がありますが、今回はどちらを使っても OK です。

主節（修飾部分）

　そして、「その都市に暮らした偉大な芸術家ゆかりの」が「歴史的建造物」を修飾します。「～ゆかりの」をそのまま英語にするのは難しいので、「子どもに説明する発想」を持ってください。目の前にいる子どもに説明するつもりで、やさしい日本語に置き換えることで、英語にしやすくなります。

　今回は「～ゆかりの」→「～に関係する」と考え、related to ～／associated with ～「～に関係して」を使えば OK です。historic[historical] buildings related to[associated with] great artists「偉大な芸術家に関係する歴史的建造物」とします。さらに、great artists を who had lived in that city

「その都市に暮らした」で修飾すればOKです。「私が訪れた（visited）」という過去の一点よりも前に、「芸術家は暮らしていた」わけなので過去完了形（had lived）にします。

While (I was studying medicine in London, I often visited historic[historical] buildings related to[associated with] great artists who had lived in that[the] city).

> 難しい表現は「子どもに説明する」発想で！

自己採点ポイント

□「医学」に medicine を使えた
□「〜ゆかりの」に related to 〜／ associated with 〜 などを使えた
□過去完了形 had lived が書けた

2

以下の文章の「　　」内を英訳せよ。

次の文章は野球選手イチローの格言として知られているものである。「高い目標を成し遂げたいと思うなら，常に近い目標を持ち，できればその次の目標も持っておくことです。それを省いて遠くに行こうとすれば挫折感を味わうことになるでしょう。高い所にいくには下から積み上げていかなければなりません。」

「比喩」を説明する

【1文目】従属節

「高い目標を成し遂げたいと思うなら」は、総称の you を使って、If you want to achieve a high goal とします。achieve a goal「目標を達成する」は英作文での重要表現です。

【1文目】主節

「常に近い目標を持ち、できればその次の目標も持っておくことです」→「持っておくべきだ」と考え、you should 〜 とします。「近い目標」をそのまま英訳するのは難しいので、「高い目標」との対比だと考えます。「高い目標」⇔「近

い目標」＝「それより低い・小さな目標」とわかるので、you should always set a lower[smaller] goal とすれば OK です。「できれば」は if possible という熟語を使います。

If you want to achieve a high goal, you should always set a lower[smaller] goal, and if possible, the goal after that.

> 「夢・目標」に関する英作文は超頻出！

補足 英語としては high goal よりも ambitious goal「野心的な目標・壮大な目標」、low[small] goal よりも immediate goal「当面の目標」や achievable goal「達成可能な目標」の方が自然ですが、入試ではどれでも点がもらえるはずです。

自己採点ポイント

□ 総称の you を使えた
□ achieve a high goal が書けた
□「近い目標」を表せた

【2文目】従属節

「比喩」の表し方がポイントです。まず「それを省いて」→「それらの手順を省いて」と考え、If you skip these steps[processes] とします。skip は「(スキップするように) 〜を飛ばす」で、skip breakfast「朝食を抜く」、skip class「授業をサボる」など英作文では便利な単語です（YouTube では最初の広告が出てきて5秒すると "Skip Ad"「広告を飛ばす」という表示が出たりします）。

「〜しようとする」は try to 〜 です。「遠くに行く」は比喩で、ここでは「(近い目標を持って達成していく手順を飛ばして) 最終的な目標を達成する」ことだと考え、achieve your ultimate goal とすれば OK です。ultimate は「究極的な」という訳語が有名ですが、「最終的な」という意味で使われることが多く、長文や語彙問題でもよく問われます。

✎ 「時・条件を表す副詞節の中では未来のことでも現在形を使う」というルールにより、現在形 (skip ／ try) を使う点にも注意してください。

【2文目】主節

「挫折感を味わうことになるでしょう」は、you will most likely feel frustrated とします。frustrate は「不満を抱かせる・挫折させる」で、名詞形

frustrationは日本語でも「フラストレーション（不満）がたまる」と使われますね。be frustratedで「不満を抱いた・失望した・挫折した」を意味します。

解答例

If you skip these steps[processes] and try to achieve your ultimate goal, you will most likely feel frustrated.

自己採点ポイント

□「省く」にskipを使えた
□「遠くに行こうとする」という比喩表現をわかりやすい英語にできた
□ if節中では現在形が使えた

【3文目】従属節

ここでも「比喩」がポイントです。「高い所にいくには」→「高い目標・難しい目標を達成するためには」と考え、In order to accomplish something difficultとします。漠然とした比喩表現は、より具体的に「子どもに説明する発想」で考えてみてください。

【3文目】主節

「下から積み上げていなければなりません」は、ここでは「小さな目標を1つずつ達成していく」を表していると考えられます。step by step「着実に・少しずつ」という熟語を使い、you have to achieve small goals step by stepとすればOKです。

解答例

In order to accomplish something difficult, you have to achieve small goals step by step.

> 比喩は「子どもに説明する」発想で！

ちなみに、work one's way up「（高い地位などに）上がる、のぼり詰める」という表現を使うと日本語に近いですが、受験生がこれを使うのはかなり難しいので、あまり気にしなくても構いません。

参考解答例

In order to accomplish something difficult, you have to start with easy goals and work your way up.

CHAPTER

5

知識型 [1]

次の日本文の下線部を英語に訳しなさい。

彼の言葉は私の心に響いて，私は彼の観察力に深く感動した.

「感動する」を表す

中心部分

「感動」の表し方がポイントです。日本語の「感動」には大きく分けて、「すごい！」と思う（感銘を受ける・感心する）場合と、「涙を流すような感動」の2種類があり、前者にはimpress、後者にはmoveやtouchを使うのが基本です。

今回の「私は〜に深く感動した」は「すごい！」という感動なので、I was deeply impressed with[by] 〜 とします。impressは「心の中に（im＝in）印象を押しつける（press）」→「印象を与える・感銘を与える」で、be impressedで「感銘を与えられる」→「感銘を受ける・感心する」を表します（後ろには「関連（〜について）」を表すwithをよく使う）。impressをうまく使える受験生はほとんどいないので、しっかりチェックしておいてください。

補足部分

「彼の観察力」はhis powers of observationとします。powers of observation「観察力」は（複数形で）決まり文句のように使われるので、このまま押さえておきましょう。ちなみに、「彼の観察力」→「彼がいかにしっかり注意を払うか」と考えて、how closely he paid[pays] attention などと表現することもできます。「疑問詞」を使って表すという、英作文で大事な発想です。

解答例①

I was deeply impressed with[by] his powers of observation[his observation skills / how closely he paid[pays] attention].

> 「すごい！」という感動には **be impressed**

今回はmoveを使って、I was deeply moved by 〜 と表すことも可能です（この場合はwithは使えません）。moveは「心を動かす」→「感動させる」で、

be movedで「感動させられる」→「感動する」となりました。

　ただし、touchを使うと今回は不自然です（touchはmoveよりも穏やかに「心が温まる」イメージで、「人が優しいことをしてくれたとき」などに使います）。この区別は紛らわしいので、やはり「すごい！」という感動にはimpressを使う方が無難です。

解答例②
> I was deeply moved by his powers of observation[his observation skills／how closely he paid[pays] attention].

【「感動する」の使い分け】

①「すごいと思う・感銘を受ける・感心する」：**be impressed**

②「（心を動かされる・涙するほど）感動する」：**be moved**　※「泣ける」という感じ

③「（優しい行動・ありがたいことなどに）感動する」：**be touched**

　※moveは「心を動かす」ですが、touchは「心に触れる」だけで「心を動かす」まではいかないので、moveよりも落ち着いた感情です。

例 The fans were moved by the marathon runner's incredible effort at the end of the race.
「マラソンランナーがレース終盤ですごく頑張ったことに、ファンは感動した」

例 Ms. Thompson was touched by the flowers her class brought her when she was in the hospital.
「トンプソンさんは、入院中にクラスのみんなが持ってきてくれた花に感動した」

✎ 前半「彼の言葉は私の心に響いて」を英訳すると、What he said impressed me [resonated with me] です。「彼の言葉」→「彼が言ったこと」と考えて、What he said を主語にしています。「私の心に響いて」には impress を使うこともできますし、resonate with ～「～の心に響く」という表現もあります（実際には impress が二度続くのはやや不自然ですが）。

自己採点ポイント

□ be impressed with[by] ～／ be moved by ～ が書けた

□「彼の観察力」を表せた

2 次の日本文に相当する意味になるように英文の空所を埋めなさい。

私たちは興奮しすぎてじっと座っていられなかった。

We (   ).

「興奮する」を表す

全体の構造

　日本文「〜しすぎて…いられなかった」に注目して、too 〜 to ...「〜すぎて…できない・…するには〜すぎる」を使います（to不定詞の副詞的用法）。もしくはso 〜 that ...「とても〜なので…だ」の形を使うことも可能です（詳しくは138 〜 139ページ参照）。

前半

「興奮する」はbe excitedです。exciteは「興奮させる」なので、We are excitedで「私たちは興奮させられる」→「私たちは興奮している」となります。exciteは動詞なので（×）We are exciteはNGですし、excitingは「興奮させるような」なので意味が合いません。

> **途中答案**　**We were too excited to ...／We were so excited that ...**

後半

「じっと座る」はsit stillが最も自然です（このstillは「静止して・動かずに」という意味）。stillにはたくさんの意味がありますが、核心は「静止して動かない」です。

「静止して動かない」→「静かにしている」→「まだ動かない」→「(長い時間たっても)それにもかかわらず」→「それでもなお＝なおいっそう」となりました。

【多義語still: 核心「静止して動かない」】

① 静止した・動かずに	② 静かな	③ まだ
④ それにもかかわらず	⑤ なおいっそう	

　stand still「じっと立っている」、sit still「じっと座っている」は意外とよく使われる表現なので、この機会に押さえておくといいでしょう。

解答例①
We (were too excited to sit still).

解答例②
We (were so excited that we could not sit still).

　ただ、現実には sit still「じっと座っている」が思いつかない受験生が大半だと思いますので、「じっと座っている」→「動かずに座っている」と考えて sit without moving と表せば OK です。「じっと」→「動かないで」のように「肯定 ⇔ 否定」を入れ替える発想は英作文でとても役立ちます。「肯定」で表すのが難しい場合は、not や without を使って「否定」で表せないか考えてみてください。

参考解答例
sit still が思いつかない場合
We (were too excited to sit without moving).

> 「肯定 ⇔ 否定」の入れ替えを使ったパターン

自己採点ポイント

☐ too ～ to ... ／ so ～ that ... が使えた
☐ be excited「興奮する」が書けた
☐ 「じっと座っていた」が表せた

3

※以下の日本語は、買い物帰り、家に着いてからサイフをなくしたことに気づいた人が、警察に行ったとき、警察官が言ったセリフです。

家に帰る前に行ったところを正確に教えてください。

「家に帰る」を表す

中心部分

　今回の「行ったところを<u>教えて</u>」は「（相手が知らない情報を）教える」ですから、tell が適切ですね。「<u>あなたが</u>行ったところを<u>私に</u>正確に教えて」と補い、{Please} Tell me exactly where you went とします（the place where ～「～するところ」から、the place を省略した形です。the place は関係副詞 where の典型的な先行詞なので、よく省略されます）。

補足部分

「あなたが家に帰る前に」をつなげます。before sv「svする前に」の形で、before you went {back} home ／ before you returned home とすればOKです。home は副詞として使われているので、直前に前置詞は不要です。(×) return to home は NG で、(○) return home「家に帰る・帰宅する」が正しい形です。

【名詞と混同しやすい「副詞」】　※直前に「前置詞」は不要

□**home**「家へ」　□**here**「ここへ」　□**there**「そこへ」　□**somewhere**「どこか」
□**anywhere**「どこでも」　□**abroad／overseas**「海外へ」　□**upstairs**「上の階へ」
□**downstairs**「下の階へ」　□**downtown**「繁華街へ」　□**overnight**「一晩中・一夜で」

> **解答例**
> {Please} tell me exactly where you went before you went {back} [returned] home.

補足 come home「家に帰る」は、今回の警察官のセリフでは不自然ですね。

自己採点ポイント

□ tell を使えた
□ went {back}[returned] home が書けた

4　彼女はその知らせを聞いて泣きそうになった。

「〜しそうになる」を表す

主節

　文の骨格は「彼女は泣きそうになった」で、「〜しそうになる」の表し方がポイントです。「もう少しで〜しそう（実際にはしない）」は、almost V／nearly V で表します。

　almost・nearly は「ほとんど」という訳語が有名ですが、「ちょっと足りない・あともうちょっと」というニュアンスがあり、動詞を修飾すると「もう少しで〜しそう」を表すわけです。

almost[nearly] V の形を利用し、She almost[nearly] cried「彼女は泣きそうになった」とすればOKです。「もう少しで泣きそう（実際はしなかった）」ということですね。

✎ 英字新聞では「半泣きになった」という発言を、almost cried と表現しているのを見たことがあります。半泣きとは本来「泣きそうだけど、まだ涙を流して泣いてはいない」様子を表すので、まさに almost cried がピッタリなわけです。

従属節

「彼女はその知らせを聞いて」→「彼女はその知らせを聞いたとき」と考え、when を使います。ここでは「聞く」の使い分けがポイントです。

【「聞く」の区別】
① listen to 〜：「聴く」　※「耳を傾ける」イメージ
② hear:「聞こえる」　※「自然と耳に入る」イメージ

今回は「意識的に耳を傾けた」のではなく、「自然と耳に入ってきた」なので、hearを使います。「その知らせ」は the news です（news は「不可算名詞」）。

listen to 〜は「今まさに流れている『音』を聴く」ような場合に使うため、(×) listen to the news は NG です。hear なら、実際の「音」だけでなく、「情報・知らせ」を聞く場合にも使えます。

解答例

She almost[nearly] cried when she heard the news.

> almost[nearly] V は「V しない!」

補足 (×) She almost[nearly] cried to hear the news. は NG です。不定詞には「感情の原因」を表す用法がありますが、これは前で「感情を表す形容詞」が使われている場合に限られます（例：I was surprised to hear the news.「その知らせを聞いて驚いた」）。

自己採点ポイント
□ almost[nearly] V が書けた
□ when で文をつなげた
□「聞く」に hear が使えた

次の日本文の下線部を英語に訳しなさい。

それなら，京都駅まで車で送っていこうか。

「〜まで車で送る」を表す

全体の構造

「〜しようか？」と申し出ているので、Shall I 〜? を使います。もしくは「〜してあげるよ」というニュアンスにも解釈できるので、I'll 〜 を使ってもOKです。

✎ 「それなら」からもわかるように、「その場でパッと思ったこと」なのでI'm going to 〜よりも I'll 〜 が適切です。I'm going to 〜 は「すでに予定として決まっていること」に使います（24ページ）。

述語部分

「車で送っていく」を見て、give 人 a ride to 〜「人を〜まで車に乗せる[送る]」という慣用表現を使うのがポイントです。give 人 物「人に物を与える」の形で、直訳「人に乗車を与える」→「人を車に乗せる」となりました。「あなたを車で送っていく」と you を補い、give you a ride to 〜 とすればOKです。

【giveを使った慣用表現】
- give 人 a hand「人を手伝う」　　　　※「人に人手（＝助け）を与える」
- give 人 a ride「人を車に乗せる」　　　※「人に乗車を与える」
- give 人 a discount「人に割引してあげる」※「人に割引を与える」
- give 人 a call「人に電話する」　　　　※「人に電話を与える」
- give 人 a ring「人に電話する」　　　　※「人に電話の呼び鈴（ring）を与える」

　また、drive を使って drive 人 to 〜「人を車で〜まで運ぶ」と表すことも可能です。drive には自動詞「車を運転する」の使い方（例：drive to 〜「〜まで運転して行く」）だけでなく、他動詞「人を車で運ぶ」もあるのです。

補足部分

　to 以下には「京都駅」がきます。the をつけずに、Kyoto Station とします。

【"冠詞＋固有名詞"の考え方】 ※原則：固有名詞には冠詞をつけない

① 名前（人名・国名・大陸・州・都市名・山・湖・天体名）

　　Tokyo「東京」　　**Mt. Fuji**「富士山」　　**Lake Biwa**「琵琶湖」　　**Mars**「火星」

② 建物・施設（駅・空港・公園・大学・橋・寺院）

　　Amsterdam Central Station「アムステルダム中央駅」　**Hyde Park**「ハイドパーク」

✎ 「海・川・船・列車・公共建築物・新聞」など、固有名詞でも the がつくものもあります（例：the Pacific Ocean「太平洋」／ the Nile「ナイル川」／ the British Museum「大英博物館」など）。

解答例①

Shall I[I'll] give you a ride to Kyoto Station?[.]

解答例②

Shall I[I'll] drive you to Kyoto Station?[.]

drop 人 offを使って表すパターン

　drop 人 off「人を（車で送って）降ろす」という表現も使えます。直訳は「人を車から (off) 落とす (drop)」です。「京都駅まで」という日本語につられて、(×) drop you off <u>to</u> ～ とするミスが多いのですが、drop off は「降ろす」なので、「京都駅という<u>場所の一点で</u>降ろす」という関係から、前置詞は at を使います。

【「迎えに来る・見送る・降ろす」を表す表現】 ※前置詞に注意

☐「駅まで私を迎えに来る」：pick me up <u>at</u> the station
☐「駅まで彼を見送る」：see him off <u>at</u> the station
☐「駅で彼を（駅まで彼を送って）降ろす」: drop him off <u>at</u> the station

参考解答例

Shall I[I'll] drop you off at Kyoto Station?[.]

自己採点ポイント

☐ Shall I ～？／I'll ～. が書けた
☐ give 人 a ride to ～／ drive 人 to ～／ drop 人 off at ～が書けた
☐ Kyoto Station に the をつけなかった

(1) 〜 (4) の日本文を英語に訳しなさい。

Kenji: Rina! Is that you? I haven't seen you in ages!

Rina: Oh, hi, Kenji! Sorry, I only have a minute.

Kenji: That's OK. How have you been?

Rina: Not bad. Just busy.

Kenji: Busy? What have you been up to?

Rina: My part-time job. (1)<u>来年留学するつもりだから、できる</u>
<u>だけお金を貯めようとしてるの。</u>

Kenji: That's great! Where are you going to go?

Rina: (2)<u>まだ決めてないけど、多分カナダかニュージーランドにな</u>
<u>ると思う。</u>

Kenji: Why there?

Rina: Well, (3)<u>安全で静かなところでホームステイして英語を上達</u>
<u>させたいの。</u>

Kenji: I've heard both of those places are nice.

Rina: Listen, (4)<u>悪いけど、もうそろそろバイトに行かなくちゃ。</u>

Kenji: I understand. It was good seeing you again.

Rina: Good seeing you, too! Bye!

「留学」に関する会話問題

(1) 前半

主語のIを補い、「〜するつもり」には現在進行形やbe going to 〜 を使います。「留学する」はstudy abroadです（abroad「海外へ」は副詞なので、直前に前置詞は不要）。I'm studying abroad ／ I'm going to study abroad とします。

✐ この2つは「留学が決定済み」の場合に使います。I'm planning to 〜 もOKで、これは「（決定はしてないが）予定している」などの気持ちで使います。ただし、I'll 〜 は「今その場で決めた」場合に使うので、今回は不自然です。

(1) 後半

「できるだけお金を貯める」＝「できるだけ多くのお金を貯める」なので、as much money as possible ／ as much money as I can とすればOKです。moneyは不可算名詞なので（89ページ）、manyではなくmuchを使います。

本当に

解答例

I'm studying[I'm going to/I'm planning to study] abroad next year, so I'm trying to save {up} as much money as possible[I can].

> study abroad
> 「留学する」は
> 必ずチェック

自己採点ポイント

☐「〜するつもり」を正しく表せた
☐ study abroad が書けた
☐ as much money as possible[I can] が書けた

(2) 前半

「まだ決めていない」は「(現在の時点で) 決まっていない」なので、現在完了形を使います。主語のIを補い、I haven't decided yet とすればOKです。

(2) 後半

「多分それ (留学先) は〜になると思う」と主語を補い、I think it will probably be 〜 とします。

解答例

I haven't decided yet, but I think it will probably be Canada or New Zealand.

　ちなみに、英語ではthinkとprobablyを両方使うと長くて回りくどい (意味が重複する) ため、どちらかを省いた方が自然です。ただし、受験ではこのままで満点になるはずですので、安心してください。

5

知識型[1]

参考解答例

thinkを使わないパターン

〜, but it will probably be Canada or New Zealand.／〜, but probably Canada or New Zealand.

参考解答例

probablyを使わず、「〜に行くことを考えている」と表すパターン

〜, but I think[I'm thinking] I'll go to Canada or New Zealand.／〜, but I'm thinking of going to Canada or New Zealand.

□現在完了形を使えた
□Iやitを補えた

(3) 中心部分

　文の骨格は「私は〜したい」なので、I want to 〜 とします。「ホームステイする」はdo a homestayか、「ホストファミリーの家に滞在する」と考えて stay with a host family とすればOKです。「英語を上達させる」は improve my English です。

(3) 補足部分

「安全で静かなところで」はin a safe and quiet place が最も簡単でしょう。関係代名詞を使ってin a place which[that] is safe and quiet、関係副詞を使って where it's safe and quiet と表すこともできます。

> 解答例
>
> I want to do a homestay[stay with a host family] and[to] improve my English in a safe and quiet place.／〜 in a place which[that] is safe and quiet.／〜 where it's safe and quiet.

□do a homestay ／ stay with a host family が書けた
□improve my English が書けた

(4) 前置き部分

「悪いけど〜」はI'm sorry, but 〜 とします。sorry は本来「痛む」で（sore「痛い」と関連がある）、I'm sorry. には「私は（心が）痛みます」という気持ちが隠されています。そのため、「ごめんなさい」と謝る場合に限らず、「お気の毒に」「残念です」「申し訳ない」など幅広い範囲で使えるのです。

(4) 中心部分

「バイトに行かなくちゃ」→「私は仕事に行かなければならない」と考え、I have to go to work とすればOKです。workを無冠詞で使うと「労働・職場」の意味になり、go to work「仕事[職場]に行く」となります。

「もうそろそろ」は「今から」と考えて、文末に now を加えれば OK です（soon でも入試では OK ですが、now の方が相手に緊急性が伝わり、この会話の流れでは適切です。発言の初めにある Listen は「あのさ」くらいの強めの響きがあり、これとも now が合います）。

解答例
I'm sorry, but I have to go to work now.

補足 work part-time「バイトをする」は入試では OK でしょうが、厳密には不自然です。ここでは「行かなければならない」が伝えたいことであり、「バイト」なのか「正社員」なのかは特に関係ありません。よって、シンプルな go to work を使うのが最も自然なわけです。ただ、work part-time「パートタイムで働く・アルバイトをする」は英作文で大事な表現なので、チェックしておきましょう。

自己採点ポイント
□ I'm sorry, but 〜 を使えた
□ go to work が書けた

【workを使った頻出表現】
□ go to work「職場に行く」　□ get to work「職場に着く」　□ be at work「職場にいる」
□ leave work「職場を出る」　□ after work「仕事の後」
□ be out of work「失業している」　□ miss work「仕事を休む」

和訳 ケンジ：リナ！　リナだよね？　とっても久しぶりだね！
リナ：　あら、こんにちは、ケンジ！　申し訳ないんだけど、少ししか時間がないの。
ケンジ：それは大丈夫だよ。元気にしてた？
リナ：　まあまあかな。忙しいけど。
ケンジ：忙しいの？　何をしてたの？
リナ：　アルバイトよ。(1)来年留学するつもりだから、できるだけお金を貯めようとしてるの。
ケンジ：それはいいね！　どこに行く予定なの？
リナ：　(2)まだ決めてないけど、多分カナダかニュージーランドになると思う。
ケンジ：なんでそこにしようと思ってるの？
リナ：　うーん、(3)安全で静かなところでホームステイして英語を上達させたいの。
ケンジ：どっちの国もいい場所って聞いたよ。
リナ：　あのね、(4)悪いけど、もうそろそろバイトに行かなくちゃ。
ケンジ：そうだよね。また会えてよかった！
リナ：　私も会えてよかったよ！　じゃあね！

1

> （1）〜（3）の日本文を英語に訳しなさい。
>
> Cathy: Hi.
>
> Laura: Hiya Cathy. You look a bit sleepy. What's up?
>
> Cathy: Yeah. I'm very sleepy. (1)昨日の晩、遅くまでテレビで<u>ミステリーを見ちゃったんだ</u>。But it turned out to be pretty dull. (2)見なきゃよかった！
>
> Laura: Lucky you. My parents never let me stay up late. (3)11時には寝なさいって言われるんだ。

会話でよく使う表現をマスターする

(1) 全体の構造

　日本語には主語が書かれていないので、Iを補います。

「遅くまで〜を見ちゃったんだ」には、stay up late -ing「〜して夜更かしする」という熟語を使います（stay up は「起きている」で、-ing は分詞構文「〜しながら」）。今回は「昨日の晩、遅くまで」なので、I stayed up late <u>last night</u> -ing とします。

【「睡眠」関係の頻出表現】

☐「十分な睡眠をとる」: have[get] enough sleep　☐「睡眠不足」: a lack of sleep
☐「(自然と)目が覚める」: wake up ⇔ ☐「(自然と)眠りに落ちる」: fall asleep
☐「ベッドから出る・起きる」: get up ⇔ ☐「ベッドに入る・寝る」: go to bed
☐「昼寝する」: take a nap　☐「夜更かしをする」: stay up late
☐「徹夜する」: stay up all night {long}
☐「早寝早起きをする」: go to bed early and get up early

(1) 補足部分

　-ing には「テレビでミステリーを見る」がきます。「見る」の使い分けがポイントです。

【「見る」の区別】

① **look:「視線を向ける」**　　　※「振り返って見る」イメージ

② **see:「見える」**　　　※「自然と視界に入る（＝見えちゃう）」イメージ

③ **watch:「(動いているものを)じっと見る」**　　　※「バード<u>ウォッチング</u>」のイメージ

「テレビ番組を<u>見る</u>」は、「(画面の中で動いているものを) じっと見る」感覚なのでwatchを使います。「テレビで」はon TVです。

解答例①

I stayed up late last night watching a mystery show on TV.

> stay up late -ing
> 「〜して夜更かしする」は日常会話でもよく使う！

解答例②

I stayed up late last night watching a mystery TV show.

自己採点ポイント

□ stay up late が書けた

□ 分詞構文 (-ing) が使えた

□ watch が使えた

(2) 主語・目的語の決定

「見なきゃよかった」は主語・目的語が省略されています。特に会話形式の問題では頻繁に省略されるので、自分で適切な主語・目的語を補ってください。今回は「<u>私</u>は<u>それ</u>（ミステリー番組）を見なきゃよかった」ということなので、主語はI、目的語はitをしっかり補います。

(2) 述語部分

「見なきゃよかった」にはshould have p.p.「〜するべきだったのに」の否定形、should not have p.p.「〜するべきじゃなかったのに」を使います。

解答例

I shouldn't have watched it.

　I wish s had p.p.「あのとき〜だったらなぁ」という仮定法を使って表すこともできます。

5

知識型[1]

I wish I hadn't watched it.

自己採点ポイント

□ I と it を補えた
□ should not have p.p. ／ I wish s had not p.p. が書けた

(3) 全体の構造

「(私は両親に) 〜と言われる」→「両親は私に〜するように言う」と考え、They tell me to 〜 とします (tell 人 to 〜「人に〜するように言う」の形)。今回のように「受動」→「能動」に変換する発想は英作文でとても大切です。特別な理由がない限りは「能動態」で表した方が自然な英語になることが多いのです。

✒ 受動態 I am told 〜 は受験では許容されますが、実際には不自然な英文なんです (受動態で by them を書くと、ここが強調されるため不自然。かといって省略すると、みんなに言われるようでやはり不自然)。

(3) to 〜 以下

「寝る」は go to bed で OK です。「11時には」＝「11時までには」なので、期限を表す by を使ってください。「11時という一点」と考えて at を使うことも可能です。

解答例
They tell me to go to bed by[at] 11 {o'clock}.

> できるだけ「能動態」で表してみよう！

以下のように、make OC「O に C させる」の形を使うこともできます。

They make me go to bed by[at] 11 {o'clock}.

自己採点ポイント

□ tell 人 to 〜 の形を使って能動態で書けた
□ go to bed が書けた
□ by[at] が使えた

和訳 キャシー：こんにちは。

ローラ：　あら、キャシー。ちょっと眠そうだね。どうかしたの？

キャシー：うん、すごく眠いよ。(1)昨日の晩、遅くまでテレビでミステリーを見ちゃったんだ。でも結局すごくつまらなかった。(2)見なきゃよかった！

ローラ：　いいなあ。うちの親は絶対夜更かしさせてくれないよ。(3)11時には寝なさいって言われるんだ。

2

A：「昨日喫茶店にいたとき, お前はまるで怒っているみたいだったぞ。」

B：「そうか？」

A：「他のみんなが話をしているときに, 腕を組んでじっと黙っていたじゃないか。」

付帯状況のwithを使いこなす

A（1回目）の主節

「お前はまるで怒っているみたいだった」は、seem[look] 形容詞「形容詞のように見える」の形を使い、You seemed[looked] angryとします。

🖋 as if ～「まるで～のように」を使って、You looked as if you were angryもOKです（少し長いですが）。

従属節

「昨日私たちが喫茶店にいたとき」と主語を補って、when節の主語はweにします。「喫茶店という場所の一点」と考えて前置詞atを使い、when we were at the café yesterdayとすればOKです（caféはフランス語由来なのでeの上に記号がつく）。inを使うと「喫茶店の中」が強調され、聞き手は「喫茶店の中のどこ？」と気になる発言になります。単に「場所の一点」として捉えるのが普通なので、atが適切です。

　Bの「そうか？」は「本当に？」と考えて、Really?とすれば簡単ですね。

解答例

A: You seemed[looked] angry when we were at the café yesterday.

5

知識型[1]

A（2回目）の主節

「あなたはじっと黙っていた」と主語を補い、You kept silent[quiet] とします（keep 形容詞 「形容詞 のままだ」の形）。

「腕を組んで」は with one's arms folded です。with OC「O が C のままで」の形（付帯状況の with）で、頻出の表現です（「腕が fold される」という受動関係なので folded (p.p.) になります）。

【「付帯状況の with」を使った頻出表現】

□ **with one's eyes closed**「目を閉じて」
□ **with one's arms folded**「腕を組んで」
□ **with one's legs crossed**「足を組んで」
□ **with one's mouth open**「口を開けたまま」

従属節

「他のみんなが話をしているとき」→「話をしている間」と考え、while ～ を使います。日本語だけ見ると「～している」ですが、実際には「～していた」なので過去進行形を使う点に気をつけましょう。また、everyone は「単数扱い」なので、while everyone else was talking です。

解答例

You kept[were] silent[quiet] with your arms folded while everyone else was talking.

自己採点ポイント

□「怒っているみたい」を正しく表せた
□ with one's arms folded「腕を組んで」を書けた

こういった「会話型英作文」は軽視されがちです
が、入試ではますます重視されています。この形
式で受験生の「スピーキングの力」を試している
わけです。

1

時には，夜遅くまで働いて，授業に出ない学生もいるね。

「〜する人もいる」を表す

主語の決定

「(時には) 〜する学生もいる」は、Some students 〜 . と表します（"some 名詞" は「〜する 名詞 もある・いる」と訳すと自然になると説明されますが、英作文ではその逆の発想をすればOKです）。「多い・少ない・いる」を表す表現はよく狙われるので、以下でチェックを。

🖊 日本語では「〜する人が多い」と数量を表す表現が後ろにくるのに対し、英語では many people 〜 と前に置きます。この発想の違いが問われるわけです。

【〜する人が多い・少ない】

①「〜する人が大半だ」:Most people 〜.
②「〜する人が多い」:Many[A lot of] people 〜.
③「〜する人もいる」:Some people 〜.
④「〜する人が少しいる」:A few people 〜.
⑤「〜する人は少ない・ほとんどいない」:Few people 〜.
⑥「〜する人はいない」:Nobody[No one] 〜.

🖊 「〜する人が多い [少ない]」はThe number of people who 〜 is large[small]. と、日本語の発想通りに表すことも可能です（主語はThe numberなので、文の動詞はis）。

また、上の応用として「増減」を表す表現も確認しておきましょう。

【〜する人が増えている[減っている]】

| **More and more[Fewer and fewer] people are -ing.**

🖊 Many people 〜 .「〜する人が多い」を、比較級 and 比較級「ますます〜だ」の形にして、More and more people 〜 .「ますます多くの人が〜している・〜する人がますます増えている」とします。「今も増えている途中」を表すために、「現在進行形」でもよく使います（もちろん、状態動詞の場合は「現在形」を使います）。

述語部分

「夜遅くまで働く」＝「夜遅くまでずっと働く」なので、継続を表す till[until] を使います。「夜遅く」は late at night です。

「授業に出ない」は「授業に行かない・来ない」と考えて don't go[come] to class とするか、「授業に出席しない」と考えて don't attend class とすればOK です。

解答例

Some students work till[until] late at night and don't go to[come to/attend] class.

> attend は 「他動詞」

自己採点ポイント

□ Some students を主語にできた
□ till[until] late at night が書けた
□ go to[come to/attend] class が書けた

【「授業」関連の頻出表現】

□「通学する」:go to school

□「学校へ行く途中」:on one's way to school

□「学校からの帰宅途中」:on one's way home from school

□「学校に遅刻する」:be late for school

□「授業に出席する」:attend {the} class

□「授業に遅刻する」:be late for class

□「新学期」:a new semester[term]

□「(学校の)年度」:the school[academic] year

□「放課後」:after school

□「授業を受ける」:take classes

□「授業をさぼる」:skip class

□「ノート(メモ)を取る」:take notes

5

知識型[1]

次の日本文に相当する意味になるように英文の空所を埋めなさい。

東京では人口が増え続けている。

The population (＿＿＿＿＿＿＿＿＿＿＿＿＿＿＿＿＿＿＿).

increaseを使いこなす

主語

すでに文頭にThe populationがあるので、TokyoやIn Tokyoで文を始めることはできません。「東京では人口が増え続けている」→「東京の人口は増え続けている」と考えて、The population of Tokyo「東京の人口」という主語を作ります。

述語部分

「増え続けている」はcontinue to ～ / keep {on} -ing「～し続ける」を使います。今回のポイントはincreaseの感覚で、increaseは「主語がぶわ～っと広がる」イメージで使われます。ここでは主語の「the population（人口）がぶわ～っと広がる」→「人口が増える」を表すわけです。continues to increase / keeps {on} increasing とすればOKです（3単現のsを忘れずに）。

解答例①
The population (of Tokyo continues to increase).

解答例②
The population (of Tokyo keeps {on} increasing).

「増え続けている」＝「（過去～現在にわたって）増え続けている」なので、現在完了進行形（have been -ing）を使うこともできます（「継続」の意味を強調し、「ず～っと増えている（今も増え続けている）」イメージ）。

参考解答例
The population (of Tokyo has been increasing).

これに関連して、さらに「増減」を表す表現を確認しておきましょう。

【〜する人が増えている[減っている]】
| The number of people who 〜 is increasing[decreasing].

　The number of people who 〜 is large. 「〜する人の数が多い」を、is increasing ／ is decreasing「増加している／減少している」にすればOKです。こちらは、グラフを説明したり統計を分析したりするような、客観的な変化を表現するときに使う傾向があります。

【注意】(×)People who 〜 are increasing. は不自然です(peopleに対してincreaseを使うと、people自体が「ぶわ〜っと広がる(増す・大きくなる)」ようなイメージになってしまうため)。主語をThe numberにするか、People who 〜 are increasing in number.「〜する人は数の点で増える」とする必要があります。

自己採点ポイント
□ The population of Tokyo を主語にできた
□ continue to 〜／keep {on} -ing／have been -ing を使えた

3　英国人の生活にとって庭が再び重要になったのは，中世 (the Middle Ages) になってからであった。

「〜して初めて…した」を表す

全体の構造

「…になったのは、中世になってからであった」→「中世になって初めて、…になった」と考え、It was not until 〜 that ...「〜して初めて…した」という強調構文を使います。

that ... 以下

　that節の主語は「庭(というもの一般)」なので、無冠詞・複数形(gardens)にします。「庭が再び重要になった」はgardens once again became importantです。
　そして「英国人の生活にとって」は「英国人の生活において」と考え、in British lifeとするのが一番自然です (in は「範囲(〜において)」を表している)。
(△) became important for British life は「英国人の生活のために」となり、

今回は不自然です。

　もしくは「英国人の生活の重要な部分になった」と考え、became an important part of British life と表すことも可能です（こういう英語らしい言い回しもできるようになりたいところですね）。

It was not until the Middle Ages that gardens {once} again became important in[an important part of] British life.

補足 上の語順が最も自然ですが、{once} again を文末に移動して、〜 that gardens became important in[an important part of] British life {once} again としても OK です。

　さらに「英国人の生活にとって庭が重要になった」→「英国人の生活において重要な役割を果たした」と考え、play an important role in 〜 という表現も使えます。この play a 形容詞 role in 〜 「〜において 形容詞 な役割を果たす」は英作文でとても便利な表現です。

It was not until the Middle Ages that gardens once again played an important role in British life.

> play a 形容詞 role in 〜 は自由英作文でも重宝する！

自己採点ポイント

☐ It was not until 〜 that ... の形が使えた
☐ gardens を無冠詞・複数形で使えた
☐ became important in 〜／ became an important part of 〜 などが書けた

4

次の日本文を［　］の語を使って英語に訳しなさい。

彼が決心をするのに1分とかからなかった。（12語）

[It / take / his mind]

「時間がかかる」を表す

全体の構造

　日本文「1分とかからなかった」と語群It・takeに注目して、It takes 人 時間 to ～「人 が～するのに 時間 がかかる」の形を考えます。英作文では「時間・お金がかかる」を表す表現は非常によく狙われます。

【時間・お金がかかる】 ※take型：take 人 物「人 から 物 をとる」

① **It takes 人 時間 to ～**「人 が～するのに 時間 がかかる」
② **It costs 人 お金 to ～**「人 が～するのに お金 がかかる」

※cost-cost-cost（無変化型）

🖊 どちらもV 人 物「人 から 物 をとる」の形で、「人 から 時間 をとる」→「人 は 時間 がかかる」、「人 から お金 をとる」→「人 は お金 がかかる」となっただけです。ちなみに、「特定の人」を表したい場合は 人 をつけますが、「一般論」の場合は 人（総称のyou）を省略するのが普通です。

詳細

　否定文「時間がかからなかった」なので、It did not take him 時間 to ～ とします。時間 はa minute「1分」として、to以下には「彼が決心をする」がきます。語群の his mind に注目して、make up his mind とすればOKです。make up は本来「作り上げる」で、make up one's mind は直訳「人の心（one's mind）を作り上げる（make up）」→「決心する」となりました。

解答例

It did not take him a minute to make up his mind.

> 「時間・お金がかかる」は英作文で超頻出

take 時間 for 人 to ～ もあります。

参考解答例

It didn't take a minute for him to make up his mind.

5

知識型[1]

補足 今回は語群に take があるので前ページの解答が適切ですが、過去形 took を使っても OK の場合は、以下のように表すと自然です。 時間 に、less than a minute「1分より少ない時間」を入れます。

It took him less than a minute to make up his mind.

自己採点ポイント

□ It takes 人 時間 to ～ が書けた
□ make up one's mind が書けた

CHAPTER

6

知識型 [2]

LESSON ✦ 18　解説

1

次の文章を読み、下線部を英語に訳しなさい。
※英文はHelen'sで始めなさい

<u>驚異的な知性と忍耐のおかげで、ヘレンは哲学だけでなくフランス語やドイツ語をも習得することができた。</u>Even when her tutor Anne Sullivan died in 1936, Helen overcame her grief by her remarkable determination, which enabled her to continue her work.

「〜のおかげで…できる」を表す

全体の構造

　日本文「〜のおかげで…することができた」に注目して、以下の形を考えます。「驚異的な知性と忍耐（原因）→ 習得できた（結果）」という関係です。

【Sのおかげで人は〜できる】
① **S enable[allow/permit] 人 to 〜**　　※直訳「Sは人が〜することを可能にする」
② **S make it possible for 人 to 〜**
　　※make OCの形（itは仮O、to 〜 が真O）で、直訳「Sは人が〜することを可能にする」／
　　"for 人"は意味上の主語

🖊 特に会話では、直訳したThanks to X, 人 can 〜「Xのおかげで人は〜できる」もよく使われます。

「原因」部分

「<u>ヘレンの</u>驚異的な知性と忍耐」と補い、Helen's amazing[astonishing/surprising] intelligence and patience とします。amaze・astonish・surprise は「〜を驚かせる」で、「知性や忍耐が（他の人を）<u>驚かせる</u>」という能動関係が適切なのでamazing・astonishing・surprisingとします。
　時制は「過去形」が適切です。現在完了形だと、「（過去〜現在にわたって）〜できるようになった（今もできる）」ことを表します。（すでに亡くなっている）Helen Keller が「現在も〜できる」は不自然ですし、文章全体を通して「過去形」

が使われている点もヒントになります。

✎ 最後の英文にある which enabled her to ～ という形を利用することもできます。英文
中にある英作文では「前後から引用する」姿勢が大事です。使える単語・構文・言い回
しなど、使えるものは徹底的に使ってください。

「結果」部分

「哲学だけではなく<u>フランス語やドイツ語も</u>習得する」は、not only A but
also B「AだけでなくBも」を使います。

「習得する」は learn を使う点にも注意しましょう。study は時間をかけて学
んでいく「過程」に重点が置かれる一方、learn は学んで実際に「身につける・
習得する」という「結果」に焦点がきます。今回は「フランス語やドイツ語を<u>習
得した</u>」なので、learn が適切です。

解答例①

Helen's amazing[astonishing/surprising] intelligence and
patience enabled her to learn not only philosophy but also
French and German.

> 無生物主語の
> 頻出パターン

解答例②

Helen's amazing[astonishing/surprising]
intelligence and patience made it possible for her to learn
not only philosophy but also French and German.

自己採点ポイント

☐ enable 人 to ～／make it possible for 人 to ～ の形にできた
☐ 「驚異的な」に amazing／astonishing／surprising が使えた
☐ not only A but also B が書けた
☐ 「習得する」に learn が使えた

和訳 驚異的な知性と忍耐のおかげで、ヘレンは哲学だけでなくフランス語やドイツ
語をも習得することができた。家庭教師であるアン・サリヴァンが1936年に亡
くなったときでさえも、ヘレンは並外れた決意によって悲しみを乗り越え、勉
強を続けることができた。

6

知識型
[2]

次の日本文を〔　　〕内の語で始まる英語の文に訳しなさい。

病気のため，そのコンテストには参加できませんでした。〔Illness〕

「〜のせいで…できない」を表す

全体の構造

日本文「病気のため〜できませんでした」に注目して、以下の形を考えます。「病気（原因）→ 参加できなかった（結果）」という関係です。

【Sのせいで人が〜できない】

① **S prevent[keep/stop] 人 from -ing**　　　※直訳「Sは人が〜することを妨げる」

② **S make it impossible for 人 to 〜**

※make OCの形（itは仮O、to 〜 が真O）で、直訳「Sは人が〜することを不可能にする」／"for 人"は意味上の主語

✎ 特に会話では、直訳した 人 cannnot 〜 because of[due to] X「Xのせいで人は〜できない」もよく使われます。

詳細

Illnessを主語にして、「病気のため、私は〜できませんでした」と目的語を補い、Illness prevented me from -ing ／ Illness made it impossible for me to 〜 とすればOKです。「そのコンテストに参加する」はparticipate in[take part in/enter] the[that] contestとします。

解答例①

Illness prevented me from participating in[taking part in/entering] the[that] contest.

解答例②

Illness made it impossible for me to participate in[take part in/enter] the[that] contest.

3

Even a lot of presidents of large companies meditate these days. ［重大な決断をするとき，集中を保つのに瞑想は役立つらしいよ。］

「～らしい」を表す

中心部分

「～らしいよ」はI hear ～ を使います。It is said that ～ でもOKですが、これは「世間では・伝統的に～と言われている」といった感じの少し改まった表現で、「(友達やニュースなどで最近) ～と聞いた」ような場合には"I hear {that} ～ "が適切です。また、現在完了形でI've heard ～「～と聞いた」でもOKです。

that節以下

「集中を保つのに瞑想は役立つ」は、meditation is useful for maintaining [keeping] your concentration ／ for staying focusedとします（yourは「総称」を表しています）。stay focusedはstay 形容詞「形容詞のままだ」の形で、「集中させられたままでいる」→「集中力を保つ」という、よく使う表現です。

　もしくはhelp 人 原形「人 が～するのに役立つ」の形で、meditation helps you concentrate[stay focused] と表すことも可能です。meditation「瞑想」やstay focused「集中力を保つ」は最近の入試でよく出てきます。

補足部分

「重大な決断をするとき」はwhen ～ として、make a decision「決断をする」という熟語を使えばOKです。

解答例①

I hear[I've heard] {that} meditation is useful for maintaining[keeping] your concentration[for staying focused] when you {have to} make an important[a big] decision.

> I hear[I've heard] {that} meditation helps you
> concentrate[stay focused] when you {have to} make an
> important[a big] decision.

自己採点ポイント

□ I hear ／ I've heard が書けた
□ be useful for 〜／ help 人 原形 の形が使えた
□ 総称を表す you が使えた
□ make a decision が書けた

【sayを使った「〜と言われている」】

① **It is said that sv.**　※仮主語構文
② **S is said to 原形 ／S is said to have p.p.**

※「(過去)〜したと、(今)言われている」のように時制がずれている場合は「完了不定詞
　(to have p.p.)」を使う

✎ It is said that 〜 と S is said to 〜 を混同した、S is said that 〜 の形を書いてしまう受
験生が多いのですが、これは絶対に NG です。

和訳 近頃は、多くの大企業の社長でさえ瞑想をしている。[重大な決断をするとき、
集中を保つのに瞑想は役立つらしいよ。]

4　次の文章を読み、下線部を英語に訳しなさい。

Nurse: Well. <u>ひどい風邪をひいたみたいですね。</u>

「〜みたい・〜ようだ」を表す

全体の構造

「〜みたい」は seem を使った表現で表します。It seems that you 〜／ You seem to 〜 とすれば OK です。

【〜みたい・〜ようだ】

① **It seems that sv.**
② **S seems to 原形／S seems to have p.p.**

※「(過去)〜したと、(今)言われている」のように時制がずれている場合は「完了不定詞(to have p.p.)」を使う

that節以下

「風邪をひく」は get[catch] a cold です。今回は「(過去)風邪をひいて、(今も)風邪を持っている」を表しているので、現在完了形を使えば OK です。「<u>あなたは風邪をひいた</u>」と主語を補い、you've got[caught] a bad cold とします。

解答例
It seems that[like] you've got[caught] a bad cold.

補足 It seems like sv. の形も OK です。

　S seems to 〜 を使うと、以下のようになります。完了不定詞 "to have p.p." が使われていますが、これは「1つ前の時制(過去)」というより「完了形」の代用と考えられます。

参考解答例
You seem to have got[caught] a bad cold.

自己採点ポイント

□ It seems that[like] 〜／ You seem to 〜 が書けた
□ get[catch] a cold が書けた
□「現在完了形」もしくは「完了不定詞」を使えた

6

知識型[2]

1

次の日本文を [ ] の語を使って英語に訳しなさい。

二度と口もきいてくれないほど,彼女は彼を怒らせてしまった. (12語)
[upset / much / spoke / again]

so 〜 that構文を使いこなす

全体の構造

日本文「…ほど〜だ」に注目して、以下の形を考えます。

【とても〜なので…だ・…なほど〜だ】

① so 〜 that sv
② so 〜 as to 原形

前半

「…なほど彼女は彼を怒らせてしまった」は語群の upset「怒らせる」と much を使い、She upset him so much that ... とします（upset-upset-upset という無変化型で、今回は過去形）。

✐ make OC を考えた人は発想はとてもいいです。ただ、この形を使うと She made him so upset that ... となります（upset は形容詞「怒って」）。so が upset を修飾して so upset that ... となり、語群 much の使いどころがなくなってしまいます。よって、今回は upset を動詞として使うと判断させる、少しひねった問題なのです。

後半（that節以下）

「二度と口もきいてくれない」→「彼は彼女に二度と話しかけてくれない」と考えます。語群の spoke と again を使い、he never spoke to her again とすればOKです（speak to 人「人 に話しかける」）。

解答例

She upset him so much that he never spoke to[with] her again.

> upset は「(冷静な心を) ひっくり返す」→「動揺させる・イライラさせる」

□ so ～ that ... の形にできた
□ upset を正しく使えた
□ speak to 人 が書けた

2 彼はとても緊張しているように見えたので，何か普通じゃないことが起こるだろうという予感がしたわ。

so ～ that構文を使いこなす

全体の構造と前半

　全体は「とても～なので…だ」という構造なので、so ～ that ...「とても～なので…だ／…なほど～だ」とします。
「緊張しているように見えた」は、look[seem] 形容詞「形容詞 のように見える」の形を使います。He looked[seemed] so nervous that ...「彼はとても緊張しているように見えたので…」とすればOKです。nervousは「神経質な」と覚える人が多いのですが、実際には今回のように「緊張して・不安で」という意味でよく使います。

後半

「私は～という予感がした」と主語を補って、I had a feeling {that} ～「～という気がする・～という予感がする」を使います。日常会話で便利な表現なので、押さえておくといいでしょう。
　a feeling that 以下には「何か普通じゃないことが起こるだろう」がきます。「何か普通じゃないこと」はsomething unusual、「起こるだろう」は文の動詞seemed（過去形）に合わせてwouldを使い、would happenとすればOKです（時制の一致）。

解答例

He looked[seemed] so nervous that I had a feeling {that} something unusual would happen.

　so ～ that ...の代わりに、SV becaue sv.の形で表すことも可能です。また、次ページの参考解答例ではfeel like sv「svするように感じる・svする気がする」

という表現を使っています（like は前置詞が有名ですが「接続詞」の用法もあり、この表現では後ろに sv がきても OK です）。

I felt like something unusual would happen because he seemed very nervous.

自己採点ポイント

☐ so 〜 that ... の形にできた
☐ seem 形容詞 が使えた
☐「緊張している」に nervous が使えた
☐ 時制の一致に注意して、would を使えた

3

すべての学生がその計画に同意することは不可能だと思います。

possibleやimpossibleを使いこなす／agreeを使いこなす

中心部分

文の骨格は「私は〜だと思います」なので、I think {that} 〜 とします。その後はimpossibleの語法がポイントです。impossibleには大きく2つの意味（下の表の①②）があり、それぞれ後ろの形が異なります。

【possibleとimpossibleの使い方】

単語 ＼ 後ろの形は?	後ろにthat 〜	後ろにto 〜
possible	①「あり得る」	②「可能な」
impossible	①「あり得ない」	②「不可能な」

今回は「不可能」を表すので、後ろにto 〜 がきます。意味上の主語"for 人"を加えて、It is impossible for all students to 〜「すべての学生が〜するのは不可能だ」とすればOKです。

to 〜 以下

「その計画に同意する」では agree の語法がポイントです。自由英作文でも「賛成・反対」を述べる問題は頻出なので、完璧にしておきましょう。

【agreeの語法】

① **agree with 〜**「〜に賛成する」

　　※「同意見・同感」を表す／後ろには「人」「人の意見・考え」など

② **agree to 〜**「〜に同意する・〜を受け入れる」

　　※「受諾」を表す／後ろには「(相手から出された)提案・条件・計画」など

③ **agree on 〜**「(複数の人が議論の上)〜に合意する」

　　※関係者の意見が一致して、そのことを決定する場合

　今回は「(相手から出された)その計画に同意する」なので、agree to the plan とすれば OK です。

解答例

I think it is impossible for all students to agree to the[that] plan.

> agree to the plan というセットで覚える!

　agree to 〜 の代わりに、approve of 〜「〜を認める・〜に賛成する」や go along with 〜「〜に賛成する」も使えます。

参考解答例

I think it is impossible for all students to approve of[go along with] the[that] plan.

6

知識型[2]

自己採点ポイント

□ it is impossible for 人 to 〜 の形にできた

□ agree to 〜／approve of 〜／go along with 〜 が書けた

4　次の日本文に相当する意味になるように英文の下線部を完成させなさい。

最近、私達は人を「勝ち組」と「負け組」に分けがちである。

These days _____.

前置き部分

「最近」の使い分けがポイントです。全部で4つありますが、まずはざっくり "days" 系と "-ly" 系の2つに分けて整理してください。

【「最近」の区別】

①"days"系　**these days／nowadays:**「(昔と違って)最近は」
　※過去と現在を対比するときによく使う／時制は現在形 or 現在進行形(動作動詞)

②"-ly"系　**recently／lately:**「(ちょっと前から今までの)最近」「ついさっき・この間」
　※現在完了形 or 過去形

　今回は These days が指定されているので、時制は「現在形」にします。

中心部分

「私達は〜しがちである」には、**tend to 〜**「〜する傾向がある・〜しがちだ」という熟語を使います。英作文では「傾向・確率」を表す表現がよく狙われます。

【「傾向・確率」を表す表現】

①「〜する傾向がある・〜しがちだ」:　**(1) tend to 〜／have a tendency to 〜**
　　　　　　　　　　　　　　　　　　　(2) be apt[liable／prone／inclined] to 〜

②「〜する可能性[確率]が高い・〜しそうだ」:**be likely to 〜**

✎ ①に関して apt ／ liable ／ prone ／ inclined はすべて形容詞なので、直前に be 動詞が必要です。また、これらには「悪い傾向」にしか使えないなどの制限があるものも含まれるため、tend to 〜 が一番便利でしょう。

142

to 〜 以下

「人を『勝ち組』と『負け組』に分ける」はseparate[divide] A into B「AをB に分ける」を使い、separate[divide] people into 'winners' and 'losers' とすればOKです。

> 解答例
>
> These days, (we tend to separate[divide] people into 'winners' and 'losers.' [two categories: 'winners' and 'losers'])

> 「(昔と違って) 最近は」には these days ／ nowadays を使う

補足 into 以下は、into two categories: 'winners' and 'losers.' としてもOKです。

　label A as B「AにBとしてラベルをつける」→「AをBに分類する」や、regard A as B「AをBとみなす」を使って表すことも可能です。Bの部分にeither 〜 or ...「〜か…のどちらか」がきます。

> 参考解答例
>
> These days, (we tend to label people as either 'winners' or 'losers.'
> These days, we tend to regard people as either 'winners' or 'losers.')

自己採点ポイント

□ These days に応じて「現在形」を使えた
□ tend to 〜 が書けた
□ separate[divide] A into B ／ label A as B ／ regard A as B を使えた

6

知識型 [2]

1 次の日本文に相当する意味になるように英文の下線部を埋めなさい。

この本の3分の2を読み終えたところです。

I have just _____ .

「分数」を正しく表す

中心部分

　文頭の I have just に注目して、現在完了形を使うと考えます。「（ちょうど）〜を読み終えたところ」は、finish -ing「〜し終える」の形を使い、I have just finished reading [have just read] とすればOKです。

目的語

　「この本の3分の2」では「分数」の表し方がポイントです。数字関係の表現は対策する機会が少ないのですが、英作文ではとても重要です。

【「分数」の表し方】

> 分子（基数）→ 分母（序数）　例：one third「3分の1」

「基数」はone・two・three、「序数」＝「順序を表す数」はfirst・second・thirdなどです。そして、分子が2以上のときは最後に（分母に）複数のsをつけます。1/3はone thirdですが、2/3なら1/3が「複数」あると考えられるので、two-thirdsとなるわけです。

1/2 → a[one] half	1/3 → a[one] third	1/4 → a[one] quarter[fourth]
2/3 → two-thirds	3/4 → three-quarters[fourths]	

✏️ 分子と分母をハイフンで結ぶのが基本です。one thirdのように分子が1のときはなくてもOKですが、「形容詞」として使う場合には分子が1でも必ずハイフンが必要です。

　「この本の3分の2」はtwo-thirds of this bookとします。「ハイフンが必要」、かつ「複数形（two-thirds）にする」点に気をつけてください。

解答例

I have just (finished reading[read] two-thirds of this book).

自己採点ポイント

□ 現在完了形を作れた
□ finish -ing が書けた
□ two-thirds of 〜 が書けた

2

アメリカ人の4分の3は, 聖書は「神は自分自身を助ける人を助ける」と教えていると信じている。

「分数」を正しく表す

主語

　主語「アメリカ人の4分の3」は、Three-quarters of Americans とします。「4分の○」には fourth でも OK ですが、quarter の方が一般的で、「4分の3」は three-quarters と表すことができればベストです（quarters と複数形にする点に注意）。

「アメリカ人」は Americans です（people in the United States「アメリカに住んでいる人」は、アメリカ国籍を持たない人も含まれるので、正確な表現ではなくなってしまいます）。

述語部分

「〜と信じている」は believe that 〜 ですが、ここでは「SVの一致」がポイントです。

分数 of 名詞 「名詞 の○分の○」では、動詞は「後ろの名詞（可算 or 不可算）」に合わせます。今回は Three-quarters of Americans なので、動詞は Americans（複数形）に合わせて believe とします（3単現の s は不要）。

途中答案　**Three-quarters of Americans believe that 〜**

that節中

「聖書は〜と教えている」→「聖書が〜と言っている・聖書に〜と書いてある」と考え、the Bible says, 〜 とします（「出版物」や「天気予報」には say をよく使います）。

【「出版物・天気予報」に使う say の例】

① 「新聞によると〜だ」：The newspaper says that 〜
② 「天気予報によると〜だ」：The weather forecast says that 〜

✎ According to 〜「〜によると」を使っても同じ内容を表せます。

「神は〜する人を助ける」は God helps people で、「自分自身を助ける人」を people <u>who help themselves</u> と関係代名詞を使って表せば OK です。

解答例

Three-quarters of Americans believe that the Bible says, "God helps those[people] who help themselves."

> "分数 of 名詞"
> では「後ろの名詞」に動詞を合わせる

補足 God helps those who help themselves. という一節は有名です（「神様・天は、他人の助けに頼らず自分で努力する人を助ける」という意味）。those who 〜「〜する人々」という表現が使われますが、この代わりに people who 〜 としても受験では問題ないでしょう。

自己採点ポイント

☐ three-quarters of Americans が書けた
☐ SV の一致を意識できた（believe に 3 単現の s をつけなかった）
☐ 「聖書は<u>教えている</u>」に say が使えた

3 　将来、４人に１人が高齢者になると予測されています。

「〇人のうち〇人」を表す

全体の構造

　文の骨格は「〜になると予測されている」なので、It is predicted[expected] that 〜 とします。expect は「期待する」の訳語が有名ですが、expect that 〜 は、普通に「〜だと思う・予測する」を表せます。

that節以下の主語

　that 節中の主語「４人に１人」は、one out of four people ／ one in four people と表します。

【「B個のうちA個」の表し方】

| **A out of {every} B ／ A in B**　　例：**two out of[in] three「3個のうち2個」**

> 🖊 two <u>out of</u> three なら「3個から2個を取り出す」、two <u>in</u> three なら「3個の中の2個」というイメージです（out of 〜 は「〜の中から外へ」）。

その他の重要点

「高齢者になる」は、〜 will be elderly とすればOKです。old「年をとった」は入試ではOKですが、現実には表現が直接的すぎるので、その婉曲語 elderly「高齢の・年配の」を使うのが理想です。ちなみに、senior citizen「高齢者」という表現もあります。

6
知識型[2]

解答例①

It is predicted[expected] that one out of[in] four people will be elderly an elderly in the future.

> old の 婉 曲 語 elderly を 使 お う！

「４人に１人」は quarter を使って表すことも可能です。「人口の4分の1」と考え、a quarter of the population とすればOKです。

It is predicted[expected] that a quarter of the population will be elderly[an elderly person/a senior citizen] in the future.

☐ It is predicted[expected] that 〜 が書けた

☐ one out of[in] four people ／ a quarter of the population が書けた

☐ elderly を使えた

【「割合」の表し方・まとめ】

① 分数：分子（基数）→ 分母（序数）　例：**one third**「3分の1」

②「〜のうちX%」：**X percent of 〜**

　　例：**sixty percent of university students**「大学生のうち60%」

　　　※percentは複数形（×）percentsにしない

③「B個のうちA個」：**A out of[in] B**　例：**two out of[in] three**「3個のうち2個」

【注意】SVの一致

① 分数 **of** 名詞 「名詞 の〇分の〇」、② **X percent of** 名詞 「名詞 のX%」では、動詞は「後ろの名詞」に合わせます。

　例：**Seventy percent of the human body consists of water.**

　　　「人間の体の70パーセントは水でできている」

③ "**A out of[in] B**" の場合、動詞は「先頭のA」に合わせます。「Bの中からAを取り出す」なので、あくまでメインは「A」です。

　例：**About one in six Americans was born outside of the country.**

　　　「アメリカ人は、だいたい6人のうち1人が、国外で生まれたのです」

CHAPTER

7

テーマ型 [1]

1

以下の日本語の文章の意味に合うよう，(a)と(c)については空所を補い，(b)については与えられた語を正しく並べ替え，英文を完成させなさい。(b)の文頭の単語は大文字で始めること。それぞれの答えは解答欄に記入しなさい。

昨今，私たちは，小さな子どもたちでさえ器用にスマートフォンの画面をタップしたりスワイプしたりするのを見慣れている。子どもたちに彼ら自身のスマートフォンを与えないと決める親もいるが，さまざまな理由でそうすることが難しいと思う親もいるだろう。若いにしろ年配にしろ，多くの人々がスマートフォンなしでは一日もやっていけないのだ。

Nowadays we (＿＿(a)＿＿) even small children tap and swipe smartphone screens skillfully. (b)children / parents / phones / give / decide / own / not / their / their / some / to, but others may find it difficult to do so for various reasons. Whether young or old, many people (＿(c)＿) their smartphones for a single day.

スマホに関する表現を使いこなす

(a)

　空所には「〜するのを見慣れている」に対応する英語が入ります。これを「〜を見るのに慣れている」と考え、be used to -ing「〜するのに慣れている」を使います。ここでの「見る」は「(自然と) 見える・目に入る」という意味なので、see が適切です（「見る」の区別は119ページ）。知覚動詞の see O C「O が C するのを見る」の形を使いましょう。

解答例

Nowadays, we (are used to seeing) even small children tap and swipe smartphone screens skillfully.

> tap「タップする」、swipe「スワイプする」もチェック！

□ be used to -ing が使えた
□ 「見る」に see を使えた

(b)

　下線部は「子どもたちに彼ら自身のスマートフォンを与えないと決める親もいる」を表す英語になります。日本文「〜と決める親もいる」に注目して、Some parents 〜 と主語を作ります（直後の but others ... もヒントになります）。「〜しないと決める」は decide not to 〜 とします（not は to の直前）。残りは語群 give に注目して、give 人 物 「人 に 物 を与える」の形を考え、give their children their own phones とすれば OK です。

> 解答例
>
> (Some parents decide not to give their children their own phones), but others may find it difficult to do so for various reasons.

□ Some parents を主語にできた
□ decide not to 〜 の形にできた
□ give 人 物 の形にできた

(c)

　空所には「〜なしでやっていく」→「〜なしで生活する」と考えて、live without 〜 を使えば OK です。do without 〜 「〜なしでやっていく」という熟語も OK ですが、こちらは少し冷静な感じなので、今回の文脈ではより強い意味を表す live without 〜 がベストです。「スマホ中毒」の話題でよく使うので、しっかりチェックを。

> 解答例
>
> Whether young or old, many people (cannot live[do] without) their smartphones for a single day.

□ live[do] without 〜 が書けた

7
テーマ型[1]

多くの人にはお気に入りの俳優や歌手がおり、インターネットを通して彼らの生活を追いかけている。

インターネットに関する表現を使いこなす

前半

「多くの人には〜がおり」→「多くの人は〜を持っている」と考え、Many people have 〜 とします（このような have の感覚に慣れていってください）。「お気に入りの俳優や歌手」は favorite actors and singers です。

✒ favorite の本当の意味は「一番のお気に入りの・一番好きな」です。favorite 自体に最上級の意味が入っているので、(×) the most favorite としてはいけません。英作文でミスが多いところなので注意を。

後半

「彼らの生活を追いかけている」は follow their {daily} lives [activities] とします。ネット関係の英作文でよく使うのでチェックしておいてください。「（昨日も今日も明日も）追いかけている」ということなので、現在進行形ではなく「現在形」が適切です。決して「（今この瞬間）〜している途中」ではありませんね。

補足部分

「インターネットを通して」は on the Internet とします。前置詞 on を使う点と、the が必ずつく点に注意が必要です。日本文「通して」につられて through を考えた人がかなり多いでしょうが、(△) through the Internet よりもまずは on を使うように心がけてください。

解答例

Many people have favorite actors and singers[a favorite actor or singer] and follow their {daily} lives[activities] on the Internet.

> on the Internet は必ずチェック！

【「前置詞」に注意が必要な関連表現】

□ on を使う場合

　情報が「表面・画面上」にある場合は on を使います。

例 on the cover of the book「本の表紙に」／on a poster「ポスターに」／
on TV「テレビで」／on the phone「電話で」／on the Internet「インターネットで」／
on Facebook「Facebookで」／on Instagram「Instagramで」／
on Twitter「Twitterで」

□ **inを使う場合**

inは本来「包囲」を表すので、何枚かが重なって「その中にある」ときに使います。

例 in a book「本に」／in the newspaper「新聞に」

✎ ネット関係にはonを使うことが多いですが、in an email「メールに」ではinを使います。
「メールを開く」→「その中にある文字を読む」という感覚だからです。mailはもともと
「郵便」なので、「封筒の中にある文字を読む」という感覚からinが使われると考えても
OKです。

自己採点ポイント

□現在形で表せた
□ on the Internetが書けた

3

次の文章を読み、下線部を英語に訳しなさい。

However, there are many drawbacks of driverless cars.
コンピューターが適切な決断を下すのは，ひょっとすると難しいかも
しれません。

（注）drawback: 欠点

テクノロジー関連の表現を使いこなす

全体の構造

文の骨格は「…が〜するのは難しい」なので、仮主語構文 It is difficult
for 人 to 〜 の形にします（人は便宜上の表記です）。今回は「ひょっとする
と〜かも」なので、isの代わりに might[may] be を使えばOKです。may は「50
％半々」の感覚、might はそれよりも程度が低く「ひょっとすると」という感じ
です。意味上の主語は「コンピューター（というもの一般）」なので、for
computers（無冠詞・複数形）とします。

7

テーマ型[1]

to ～ 以下

「決断を下す」には、make a judgement「判断を下す」やmake a decision「決断する」などの熟語を使えばOKです。

> It might[may] be difficult for computers to make appropriate judgements[decisions].

自己採点ポイント

□仮主語構文を作れた

□「ひょっとすると～かも」にmay[might]を使えた

□make a judgement[decision]が書けた

和訳 しかしながら、無人自動車には多くの欠点があります。<u>コンピューターが適切な決断を下すのは、ひょっとすると難しいかもしれません。</u>

✏ ちなみに、最初にある英文のdriverless cars「無人自動車」も最近の入試で頻出なので、チェックしておきましょう。

「（俳優や歌手を）追いかけている」なんて
ネット表現がすでに入試に出ています。
この本でしっかり対策しておこう!

1

(1) 〜 (3) の日本文を英語に訳しなさい。

A: Many people are using smartphones these days. Do you think it's a good thing?

B: Yes, I do. (1)スマートフォンがあれば，いろんな娯楽を楽しめるし，家族や友人とも連絡がとりやすくなるからね。 However, there are a few problems.

A: Really? Like what?

B: (2)第一に，おとなやティーンエージャーたちは，スマートフォンの画面をながめて多くの時間を費やしている。 It's bad for eyesight. Secondly, scientists now say that repetitive smartphone use can negatively affect our wrist and thumb!

A: I never thought about that. (3)運転中にスマートフォンを使うことが原因で，交通事故が増えているという新聞記事を，最近読んだよ。

スマホに関する表現を使いこなす

(1) 前置き部分

「スマートフォンがあれば」は With a smartphone とします。もしくは「もし人々がスマートフォンを持っていれば」と考え、If people have smartphones[a smartphone] と表すこともできます（「人」を主語にする発想は英作文で役立ちます）。主語は、直前のAの発言で people が使われているので、それを受けて people にするのが自然です。

✏️ ちなみに、主語は複数でも「複数の人がそれぞれ<u>1つずつ</u>スマホを持っている」と考えて、目的語は単数形（a smartphone）で表すこともできます。

(1) 中心部分（前半）

「いろんな娯楽を楽しめる」→「人々はいろんな種類の娯楽を楽しむことができる」と考えて、people[they] can enjoy many types[kinds] of entertainment とします。entertainment「娯楽・気晴らし」はつづりのミスが多いので、注意を。

(1) 中心部分（後半）

　後半は「家族や友人とも連絡がとりやすくなる」→「家族や友人と簡単に連絡がとれる」と考え、〜 and easily keep in touch with {their} family and friends とすればOKです。keep in touch with 〜 は重要熟語で、直訳「〜と（with）連絡がとれる状態（in touch）を保つ（keep）」→「（絶えず）〜と連絡をとり合う」となりました。

> **解答例①**
> With a smartphone, people can enjoy many types[kinds] of entertainment and easily keep in touch with[contact] {their} family and friends.

補足 〜 and easily keep in touch with 〜 の語順が最も自然ですが、easily を文末で使うことも可能です。また、keep in touch with 〜 は「（継続的に）〜と連絡をとり合う」、get in touch with 〜 は「〜に連絡をする」なので、今回の「家族や友人に（継続的に）連絡をとり合う」には keep in touch with 〜 がより自然です（get も許容範囲ですが）。contact は他動詞なので、後ろに前置詞をつけないように注意してください。contact 人「人 に連絡する」です。

> **解答例②**
> If people have smartphones[a smartphone], they can enjoy many types[kinds] of entertainment and easily keep in touch with[contact] {their} family and friends.

7

テーマ型[1]

自己採点ポイント

□主語の people を補えた
□entertainment が正しく書けた
□keep in touch with 〜／ contact 〜が書けた

(2) 前置き部分

「第一に」は First of all ／ First ／ Firstly を使います。At first は「初めのうち は（〜だったけど、今は…だ）」という流れで使われるので、今回は NG です。

【「最初」の区別】

① **first:（文頭で）「まず第一に」=firstly／（文中で）「初めて」**
② **for the first time:「初めて」** ※「最初の経験」であることを示す
③ **at first「最初は・初めのうちは」** ※後ろには but, later などがくることが多い

(2) 全体の構造

「〜して多くの時間を費やしている」に注目して、spend 時間 -ing「〜する のに 時間 を費やす」の形にします。「（昨日も今日も明日も）費やしている」を 表しているので、現在形を使えば OK です。「〜している」という日本語を見て、 安易に現在進行形にしないように注意しましょう。

(2) その他の重要点

「スマホの画面を<u>眺める</u>」でも「見る」の使い分けに注意が必要です（119 ペー ジ）。今回は「スマホの画面に<u>視線を向ける</u>」が自然なので、look at 〜「〜を 見る」を使います。looking at their smartphones とすれば OK です。

✎ 日本語は「スマートフォンの画面を眺める」なので、smartphone screens と書いても OK ですが、「スマホの画面以外を眺める」ことは考えにくいので、わざわざ「画面」を英 語に訳す必要はありません。

解答例

First of all[First/Firstly], adults and teenagers
spend a lot of time looking at their smartphones
[smartphone screens].

> look at one's
> smartphone
> 「スマホを見
> る」

自己採点ポイント

☐ First of all ／ First ／ Firstly が使えた（At first を使わなかった）
☐ spend 時間 -ing の形にできた
☐ look at 〜 を使えた

(3) 全体の構造

　文の骨格は「私は最近〜という新聞記事を読んだ」で、I recently read a newspaper article[an article/a news article] that said {that} 〜 とします（主語のIを補う）。ここでポイントになるのが「最近」の使い分け（142ページ）と、sayの語法（145 〜 146ページ）です。

　「最近読んだ」は「少し前」を表しているので、recentlyを使います（動詞は過去形）。また「出版物」などにsayを使い、「出版物は〜と言っている」→「出版物に〜と書かれている」を表せるのでしたね。a news article that said 〜 で「〜と書かれている新聞記事」となります。

🖋 日本文「〜という新聞記事」に注目して、同格のthatを使うミスが多いところです。「同格のthat」が使える名詞は限られている（主に事実・認識系）ので、自信がある場合以外は避けましょう。今回は関係代名詞のthat（下の途中答案①の下線部）を使っています。

> **途中答案①**　I recently read a newspaper article[an article/a news article] <u>that</u> said {that} 〜

(3) that節中（結果部分）

　that節中は「運転中のスマホ使用（原因）→ 交通事故の増加（結果）」という関係になります。「交通事故が増えている」は、"more and more 複数名詞"（124ページ）や"the number of 名詞 is increasing"の表現を使えばOKです（127ページ）。

> **途中答案②**　I recently read a newspaper article[an article/a news article] that said {that} there were more and more traffic accidents 〜.

🖋 今回はThere is構文を使って、"there were more and more 複数名詞"としています（more and more traffic accidentsを主語にすると、動詞が難しいため）。

> **途中答案②**　I recently read a newspaper article[an article/a news article] that said {that} the number of traffic accidents 〜 was increasing.

🖋 SVの一致に注意してください。that節中の主語はthe number「数」なので、動詞はwasになります（時制の一致で過去形にしている）。

(3) that節中（原因部分）

「運転中にスマートフォンを使うことが原因で」は、caused by 〜「〜が原因で」を使えばOKです。「運転中にスマートフォンを使うこと」は、using their smartphones while driving というスマホ関連での必須表現を使ってください。

【「スマホの問題点」を表す頻出表現】

- □「歩きスマホ」：**using a smartphone while walking**
- □「運転中にスマホを使うこと」：**using a smartphone while driving**
- □「人 に迷惑をかける」：**bother[disturb/annoy] 人**
- □「〜にぶつかる」：**bump[walk] into 〜**
- □「人の気分を害する」：**hurt one's feelings**
- □「電話で大声で話す」：**talk loudly[in a loud voice] on one's phone**
- □「人 の注意をそらす」：**distract 人**
- □「〜から注意がそれる」：**be distracted from 〜**
- □「〜にハマっている[ハマる]」：**be[get] addicted to 〜**　※beは状態、getは動作
- 例 He is addicted to his phone.「彼はスマホ中毒だ」

解答例①

I recently read a newspaper article[an article/a news article] that said {that} there were more and more traffic accidents caused by people using their smartphones while driving.

> ポイントが詰まった良問！5回書いておこう！

解答例②

I recently read a newspaper article[an article/a news article] that said {that} the number of traffic accidents caused by people using their smartphones while driving was increasing.

自己採点ポイント

- □「最近」に recently を使えた
- □ newspaper article that said {that} 〜 が書けた
- □ more and more 複数名詞 ／ the number of 名詞 is increasing が使えた
- □ using their smartphones while driving が書けた

A：最近は多くの人がスマートフォンを使っているよね。君はいいことだと思う？

B：うん、そう思うよ。(1)スマートフォンがあれば、いろんな娯楽を楽しめるし、家族や友人とも連絡がとりやすくなるからね。でも、いくつか問題があるんだ。

A：そうなの？　たとえばどんな？

B：(2)第一に、おとなやティーンエージャーたちは、スマートフォンの画面をながめて多くの時間を費やしている。これは視力にとってよくないよ。第二に、今では科学者たちが、スマートフォンを繰り返し使うことで手首と親指にも悪影響が出る可能性があると言っているんだ。

A：それについては考えたことがなかったな。(3)運転中にスマートフォンを使うことが原因で、交通事故が増えているという新聞記事を、最近読んだよ。

2　あなたは中京鉄道株式会社の広報部で働いています。ホームページのリニューアルに向けて、次の文章を英訳することになりました。文脈に適するように本文の下線部のみを英訳しなさい。

中京鉄道株式会社のホームページをご覧いただき、誠にありがとうございます。

当社ではさらに使いやすいウェブサイトを目指して、みなさまからのご意見、ご要望をお電話にて受け付けております。お気付きの点がございましたら、下記の番号までお気軽にご連絡ください。抽選で100名の方にオリジナルグッズをプレゼントいたします。

フリーダイヤル
0120-835-7111

メールでの表現を使いこなす

中心部分

「お気軽にご連絡ください」には、feel free to ～「気軽に～する」を使います。「私たちに連絡して」と目的語を補い、Please feel free to contact us とすればOKです。contact「連絡する」は他動詞で、contact 人「人に連絡する」

の形で使うのでしたね（157ページ）。

✎ hesitate to 〜「〜をためらう」を利用した、don't hesitate to 〜「〜することをためらわないで」→「遠慮せず〜して」という表現も頻出です。feel free to 〜 ≒ don't hesitate to 〜 と押さえておきましょう。

補足部分

「下記の番号まで」は、at the phone number below とします。日本語は「番号まで」ですが、「番号という一点」なので、前置詞は at が適切です（You can reach me at this number.「この番号で私につながります」も頻出）。

解答例
{Please} Feel free to contact us at the phone number below.

feel free to 〜 ≒ don't hesitate to 〜

contact の代わりに、具体的に考えて call「電話する」を使うことも可能です（ホームページに「お電話にて」とあり、下に電話番号が書かれているので）。これによって連絡方法が「電話」だと一目でわかり、かつ number の前に phone も不要になります。

✎ このような「一般（連絡する）⇔ 具体（電話する）」の変換は英作文でとても役立ちます。単語が思い浮かばないときは、「○○のひとつ（一般化）」か「たとえば○○（具体化）」と言い換えてみてください。

参考解答例
{Please} Feel free to call us at the number below.

自己採点ポイント

□ feel free to 〜 が書けた
□ contact 人 ／ call 人 が使えた
□「番号まで」に前置詞 at を使えた

スマホやメール表現など、最新問題の対策も
このCHAPTER 7でしっかりやっていきます!

LESSON ✦ 23 解説

1 このプロジェクトに携わっている科学者たちは，スマートフォンのような電子機器をハッカーから守るのに，人の個人的な特徴を使おうとしています。

テクノロジー関連の表現を使いこなす

全体の構造

文の骨格は「科学者たちは～を使おうとしている」なので、try to ～「～しようとする」を使い、The scientists are trying to use ～ という構造を考えます。

主語

「このプロジェクトに携わっている」が「科学者たち」を修飾しています。work on ～「～に取り組む」やinvolved in ～「～に関わる」を使い、The scientists working on[involved in] this project「このプロジェクトに携わっている科学者たち」とすればOKです。work on ～「～について（on）がんばる（work）」→「～に取り組む」は世間ではあまり強調されませんが、実はよく出てくる重要熟語です。「人の個人的な特徴」はan individual's[individuals'] personal characteristicsとします。

途中答案 **The scientists working on[involved in] this project are trying to use an individual's[individuals'] personal characteristics ～**

補足部分

「(～から) 電子機器を守るのに（守るために)」は、to protect electronic devices (from ～) とします。「スマートフォンのような」はsuch as ～／ like ～「～のような」を使えばOKです（どちらも、自由英作文で「具体例」を出すときにも便利な表現です)。

electronic device「電子機器」はぜひ押さえておきましょう。electronic「電子の」は便利な単語で、electronic dictionary「電子辞書」／ electronic book[e-book]「電子書籍」／ electronic money「電子マネー」などと使われます（どれも英作文で頻出)。

解答例

The scientists working on[involved in] this project are trying to use an individual's[individuals'] personal characteristics to protect electronic devices such as[like] smartphones from[against] hackers.

自己採点ポイント

☐ working on ～／ involved in ～ を使って The scientists を修飾できた
☐ try to ～ が使えた
☐ protect ～ from[against] が書けた
☐ electronic devices が書けた
☐ such as ～／ like ～を使えた

2

（1）～（4）の日本文を英語に訳しなさい。

A: I want to get my driver's license as soon as possible. How about you?

B: Well, (1)夏休みの間に自動車学校へ行こうとずっと考えているんだ。

A: Oh, I see. By the way, do you think we will need a driver's license when we have self-driving cars in the future?

B: Maybe there will be some kind license for it. Although AI is becoming more advanced, (2)完全に人間の代わりになる日が来るのか分からないな。

A: Yes, I see your point, but (3)現在発生している人為的ミスによる多くの事故を防ぐことができると思うよ。

B: That would be safer. (4)しかし、あまりAIに頼りすぎないように、そして自分で考える事を忘れないように気を付けるべきだね。

AIに関する表現を使いこなす

(1)

　文の骨格は「私は～とずっと考えているんだ」です（主語を補う）。「（過去～現在まで）ずっと考え続けている」から、現在完了進行形（have been -ing）を使います。

✎ think は「（普段からの）考え・信念」を表す場合は進行形にできませんが、「検討している<u>途中</u>」を表す場合は進行形にできます。

　主語の I を補って、I've been thinking about[of] going to ～「私は～へ行こうと（行くことについて）ずっと考えている」とすれば OK です。ちなみに、plan to ～「～する計画だ」を使うこともできます。

解答例①
I've been thinking about[of] going to driving school during [over] summer vacation.

解答例②
I've been planning to go to driving school during[over] summer vacation.

自己採点ポイント
□主語 I を補えた
□現在完了進行形が使えた

(2) 全体の構造

<u>「私は～かどうか分からない」</u>と主語を補って、I don't know whether[if] ～ とします（whether・if は「～かどうか」という意味で名詞節を作っている）。
　<u>「完全に人間の代わりになる日が来る」</u>→「それ（AI）がいつか完全に人間の代わりになる（ことができる）」と主語を補い、it[AI] will ever {be able to} completely replace humans とします。replace「取り替える・取って代わる」は、人工知能の話題でほぼ確実に使われる単語です。ちなみに、文全体は Although sv, SV.「sv だけれども SV だ」の形になります。

解答例
I don't know whether[if] it[AI] will ever {be able to} completely replace humans[human drivers].

補足 副詞 completely は文末に置いても OK です。

自己採点ポイント
□ I don't know whether[if] ～ が書けた
□ replace を使えた

【AI関係の頻出表現】

☐「人工知能」:AI／Artificial Intelligence
☐「～を肩代わりする・～に取って代わる」:replace[take over] ～
☐「～に取って代わられる」:be replaced[taken over] by ～
☐「人間の知能を超える」:surpass human intelligence／outsmart humans
☐「自動運転車」:self-driving car[vehicle]／driverless car
☐「自動化」:automation
☐「ますます自動化が進む」:become increasingly automated
☐「人為的ミスを防ぐ」:prevent human errors
☐「30年後の世界」:what the world will be like in 30 years

(3) 全体の構造

　文の骨格は「私は～と思うよ」なので、主語を補ってI think {that} ～ とします。

(3) that節中

「それ（AI）は多くの事故を防ぐことができる」と主語を補います。未来のことなので will be able to ～ を使い、it[AI] will be able to prevent many accidents とすればOKです。もしくはhelp {to} 原形 「～するのに役立つ」の形を使い、it[AI] would[will] help {to} prevent many accidents と表すこともできます（英語としてはこちらの方が自然です。wouldは「推量（～だろう）」を表しています）。

(3) 補足部分

「現在発生している人為的ミスによる」が「多くの事故」を修飾します。関係代名詞を使い、many accidents which[that] are caused by human error「人為的ミスによって引き起こされている多くの事故」とすればOKです（結果 is caused by 原因 の形）。

7
テーマ型[1]

解答例

I think it[AI] will be able to[would/will help {to}] prevent many accidents which[that] are caused by human error.

補足 「現在発生している人為的ミスによる多くの事故」を直訳すると、many accidents which[that] happen due to human errorですが、英語としては上記の方が自然です。

□ 主語の I と it[AI] を補えた
□ will be able to 原形 ／ would help {to} 原形 が使えた
□ 「原因」を表す表現が書けた

(4) 全体の構造

　全体は「〜しないように、そして…しないように気を付けるべき」なので、主語に people や we を補い、people[we] should be careful not to 〜 and ... とします。

🖊 否定の目的「〜しないために・〜しないように」を表す場合、原則（×）not to 〜 は使えません。in order to 〜 を否定して in order not to 〜 とするか、so that s will[can] 〜 を否定して so that s won't[can't] 〜 を使います。ただし、例外として care 関係（careful・take care など）の単語と一緒の場合だけ、not to 〜「〜しないように」の形が使えます。

途中答案　　**But people[we] should be careful not to 〜 and {not to} ...**

(4) not to 〜 以下

　「AI に頼りすぎない」は depend[rely] on 〜「〜に頼る」を使い、not to depend on AI too much とします。

　「自分で考える事を忘れない」は、forget to 〜「〜するのを忘れる」の後に think for oneself「自分で考える」という慣用表現を使えば OK です。for oneself で、直訳「自分自身のために」→「自分で」となりました。

🖊 by oneself も似た意味ですが、こちらは「1 人ぼっちで」という意味合いが強く、（△）think by oneself はやや不自然です。think for oneself はよく使う表現なので、このまま押さえておきましょう。

解答例

> But people[we] should be careful not to depend [rely] on AI too much and {not to} forget to think for themselves[ourselves].

> think for oneself 「自分で考える」は教育論でも頻出！

補足　（特に書き言葉の場合）But は等位接続詞なので文頭に置くのはよくないとされますが、実際の会話では文頭で But がよく使われます。今回は会話問題なので、But を文頭に置いて問題ないでしょう（実際の会話を想定すると、今回は However よりも But が自然）。

自己採点ポイント

□主語 people[we] を補えた

□be careful not to ～ が書けた

□depend[rely] on ～ が書けた

□forget to ～／ think for oneself が書けた

和訳 A：できるだけ早く運転免許を取りたいと思っているんだけど、君はどう？

B：えっと、(1) 夏休みの間に自動車学校へ行こうとずっと考えているんだ。

A：ああ、なるほどね。ところで、将来自動運転の車を持つようになったら、僕たちは運転免許が必要だと思う？

B：ひょっとしたら、そのための免許のようなものがあるんじゃないかな。AI はどんどん進歩しているけど、(2) 完全に人間の代わりになる日が来るのか分からないな。

A：うん、そうだね。でも、(3) 現在発生している人為的ミスによる多くの事故を防ぐことができると思うよ。

B：その方が安全だろうね。(4) しかし、あまり AI に頼りすぎないように、そして自分で考える事を忘れないように気を付けるべきだね。

7

テーマ型[1]

1

> 喫煙者のおよそ半分が喫煙に関わる病気で早く死ぬということが知られているので，喫煙を続けるよりも禁煙した方が健康によい。

健康に関する表現を使いこなす

前半

前半の中心は「〜ということが知られている」で、It is known that 〜 とします。「喫煙者のおよそ半分」は about half of smokers（half of 〜の場合、of の直後に the がナシでよく使われます。また、half of all smokers もアリです）、「早く死ぬ」は die young とします（die 形容詞「形容詞 の状態で死ぬ」という表現）。その他に、die earlier than non-smokers（非喫煙者よりも早く死ぬ）／ die an early death（早死にする）などでも OK です。

「喫煙に関わる病気」は related to 〜「〜に関係している」を使い、diseases related to smoking とします（smoking だけで「たばこを吸うこと・喫煙」を表すので、わざわざ smoking cigarettes とする必要はありません）。

途中答案 **It is known that about half of smokers die young[die earlier than non-smokers/die an early death] from[of/due to] diseases related to smoking[smoking-related diseases], 〜**

後半

「禁煙した方が健康によい」は仮主語構文を使って、it is better for people's[your] health to 〜「〜した方が人々の健康によい」とします。「禁煙する」は「喫煙をやめる」と考えて quit[stop/give up] smoking、「喫煙を続けるよりも」は than to continue[keep {on} doing] it とすれば OK です。

解答例
It is known that about half of smokers die young[die earlier than non-smokers/die an early death] from[of/due to] diseases related to smoking[smoking-related diseases], so it is better for people's[your] health to quit[stop/give up] smoking than to continue[keep {on} doing] it.

□ It is known that 〜 の形にできた

□「喫煙に関わる」を related to smoking と表せた

□ quit[stop/give up] smoking が書けた

【「飲酒・喫煙」関係の頻出表現】

□「喫煙者」：smoker

□「非喫煙者」：non-smoker

□「受動[間接]喫煙」：passive[secondhand] smoking

□「酒とたばこをやめる」：quit[stop/give up] drinking and smoking

※smoking同様、drinkingだけで「お酒を飲むこと」を表します。

2

アメリカでは癌の発生率は1992年まで増加傾向にあったが，最近は低下してきている。それは喫煙者の減少と関係があると言われている。

[注] 発生率　incidence

健康に関する表現を使いこなす

【1文目】前半

「癌の発生率は増加傾向にあった」→「癌の発生率が増加し続けた」と考え、the incidence of cancer continued to increase[rise] とします（continue to 〜「〜し続ける」）。もしくは keep {on} -ing「〜し続ける」を使って、kept {on} increasing[rising] としても OK です。

「1992年までずっと」には継続を表す till[until] を使い、動詞は過去形にします。

【1文目】後半

ここでの「最近」は「少し前〜現在まで」を表しているので、recently を使います（142ページ）。時制は「過去〜現在まで」の継続を表す現在完了進行形（have been -ing）で、has been decreasing[declining] recently とすれば OK です。

解答例①

In the United States, the incidence of cancer continued to increase[rise] till[until] 1992, but has been decreasing [declining] recently.

解答例②

In the United States, the incidence of cancer kept {on} increasing[rising] till[until] 1992, but has been decreasing [declining] recently.

自己採点ポイント

□ continue to ~／ keep {on} -ing を使えた
□「~まで」に till[until] を使い、時制は過去形にできた
□「最近」に recently を使い、時制は現在完了進行形にできた

【2文目】全体の構造

　骨格は「~と言われている」なので、It is said that ~ とします。今回のように誰が言ったか定かではなく「(世間では) ~と言われている」と表すときによく使います (少し改まった表現で、今回の問題文とも合います)。

【2文目】that節中

　「~と関係がある」は be related to ~ という熟語です。「喫煙者の減少」→「喫煙者の数における減少」と考え、the decrease[decline] in the number of smokers とすればOKです。「変化・増減」を表す表現は後ろに in (この in は「範囲 [~において]」を表している) をとることが多く、英作文でミスが多いので確認しておいてください。ちなみに、今回は the decreasing number of smokers と表すこともできます。

【「変化を表す名詞」+ in ~】

① change in ~「~の変化」
② increase[rise/growth] in ~「~の増加」　※growthは不可算名詞
③ decrease[fall/decline/drop] in ~「~の減少」
④ improvement in ~「~の向上・改善」
⑤ progress[advances] in ~「~の進歩」
　※progressは不可算名詞、advanceは可算名詞

解答例

> It is said that it is related to[due to] the decrease [decline] in the number of smokers[the decreasing number of smokers].

decrease in ～
「～における減少」→「～の減少」

It is said that ～ の代わりに、reportedly「伝えられるところによると」を使うこともできます。英語ニュースでreportedly・allegedly「（真偽はわからないが）報道によると」がよく使われるので、この機会にチェックしておきましょう。

参考解答例

> This is reportedly related to[due to] the decrease[decline] in the number of smokers[the decreasing number of smokers].

自己採点ポイント

□ It is said that ～ が書けた
□ be related to ～ が書けた
□ the decrease[decline] in the number of ～ が書けた

3

多くの子犬は生後たった1か月で売られるので，病気に対する免疫力が低い。

医療に関する表現を使いこなす

前半

前半の中心は「多くの子犬は売られる」で、Many puppies are sold とします。「生後たった1か月で」では、「～のX後に」の表し方がポイントです。

【～のX前に・～のX後に】

① 「～のX前にSV」：SV X before ～
② 「～のX後にSV」：SV X after ～

✎ たとえば「～の3分前に」と表したいときは、three minutes を before ～ の直前に置けばOKです。"数字＋単位"を before の直前に置いて、「どのくらい前か?」を示すわけです。

7

テーマ型[1]

今回は「生後たった1か月」＝「生まれてからたった1か月後」なので、<u>only [just] one month</u> after they were born[after birth] とします。only[just] one month「たった1か月」が after ～ を修飾しているわけです。

後半

「病気に対する免疫力が低い」→「（子犬は）病気に対してあまり免疫力を持っていない」と考えて、have immunity to ～「～に（ある程度）免疫がある」という表現を使います。否定文で they do not have much immunity to [against] disease とすればOKです。

✏ 形容詞immuneを使った be immune to ～「～に免疫がある」という表現もありますが、こちらには「ある程度」というニュアンスはなく、「（しっかりとした）免疫があってその病気にかからない」という意味になります。

> **解答例**
> Many puppies are sold only[just] one month after they are born[after birth], so they do not have much immunity to[against] disease.

> have immunity to ～ をチェック！

これらが思いつかない場合は「病気に対する免疫力が低い」→「病気にかかりやすい・簡単に病気にかかる」と考えて、they get sick easily と表すことも可能です。難しい表現は、子どもに説明する場合を想定してみてください。

> **参考解答例**
> Many puppies are sold only[just] one month after they are born[after birth], so they get sick easily.

> 難しい表現は「子どもに説明する」姿勢で！

【「病気」関連の頻出表現】

□「肺炎にかかる」:get pneumonia 　　　　□「癌にかかる」:get[develop] cancer
□「糖尿病を発症する」:develop diabetes 　□「(高)血圧」:{high} blood pressure
□「心臓発作を起こす」:have a heart attack
□「生活習慣病」:chronic disease／lifestyle disease 　※chronic「慢性的な」
□「～に免疫がある」:be immune[have immunity] to ～
　　⇔ □「～にかかりやすい」:be vulnerable to ～
　　※have immunityよりbe immuneの方が絶対的
□「～に感染している」:be infected with ～
□「伝染病」:epidemic 　　　　　　　　　□「世界的流行(病)」:pandemic

□「感染症」：an infectious disease　　　□「副作用」：side effect
□「認知症になる」：suffer from dementia　　□「老人ホーム」：a nursing home

✎　「(病気に) かかる」には普通getを使いますが、「風邪・感染症」にはcatchをよく使います。また、developは「徐々にその状態になる」場合に使われます。

自己採点ポイント

□ only[just] one month after ～ が書けた
□ have immunity to ～ が書けた (もしくは「免疫力が低い」を表せた)

4

以下は，ごみの出し方について話している場面からの抜粋です。

翻日にどの種類のごみを捨てるかをメールで教えてくれるんです。

下線部の日本語を，解答用紙の語句に続けて，英語で表現しなさい。
whichとgarbageを使って作成すること。

The service sends me emails about (　　　　　　　　　　).

ごみに関する表現を使いこなす

全体の構造

　出だしはThe service sends me emails about ～「そのサービスは、私に～についてのメールを送ってくれる」となっており、about以下 (空所) には「翌日にどの種類のごみを捨てるか」がきます。whichを使って、which 名詞 to ～「どちらの 名詞 を～すべきか」の形を考えます。garbage を使い、which kind of garbage to ～「どの種類のごみを～すべきか」とすればOKです。

to ～ 以下

　ここでの「ごみを捨てる」は「ごみを外に捨てに行く・ごみを出す」ことを表しているので、take out「外に出す」を使います。「翌日」は the next day です (直前に前置詞は不要)。

✎　throw away「捨てる」は入試では十分ですが、厳密には「ごみをごみ箱に入れる」イメージで、「ごみ置き場に置きに行く」とは少しずれます。

7

テーマ型 [1]

The service sends me emails about (which kind of garbage to take out[throw away] the next day).

The service sends me emails about (which kind of garbage I'm supposed to take out[throw away] the next day).

> be supposed to
> ～「～すること
> になっている・
> ～すべきだ」

自己採点ポイント

□ which kind of garbage が書けた
□ take out ／ throw away が書けた

【「ごみ」の区別】 ※すべて不可算名詞

①「(一般的な)ごみ」：garbage ／ trash ／ rubbish
②「散らかっている・ポイ捨てされたごみ」：litter
③「廃棄物」：waste

【「捨てる」の区別】

①「(ごみ箱などにきちんと)捨てる」：throw away
②「散らかす・ポイ捨てする」：litter
③「(大量に)廃棄する」：dump

【「ごみ」関係の頻出表現】

□「ごみ箱」：a garbage[trash] can ／ a dust[rubbish] bin
□「ごみを出す」：take out the garbage
□「使い捨ての」：single-use ／ disposable
□「ごみを分別する」：separate the garbage
□「ごみを収集する」：collect the garbage
□「ごみ処分場」：landfill ／ garbage dump ※「収集・処理したごみを置く場所」
□「リサイクル」：recycling ※recycleは動詞「リサイクルする」

「病気」関連や「ごみ」といった表現は、しっかり
対策しておかないと絶対に書けないですよね。
みなさんはここでしっかり対策を！　長文でも役
立ちます。

1

新型コロナウイルスは、無症状や、まだ症状が出ていない人に
よって拡散される可能性があるため、知らないうちにウイルスに
さらされている人が多く、これによって市中感染（community
transmission）につながることもありえる。

新型コロナウイルスに関する表現を使いこなす

全体の構造と前半

　全体は「〜ため（原因）、…（結果）」という関係なので、Because sv, SV. ／
sv, so SV. の形にします。

　前半の中心は「新型コロナウイルスは〜によって拡散される可能性がある」
で、the novel[new] coronavirus can be spread by 〜 とします（can は「可
能性」を表す）。

asymptomaticとpre-symptomatic

　by 以下は「無症状や、まだ症状が出ていない人」で、people who are
asymptomatic or pre-symptomaticと修飾すればOKです。asymptomatic「無
症状の」は完全に受験レベルを超えているので、現実的には people who don't
get sickなどで言い換えればOKです。ただ、今後の長文にも出てくると思う
ので、この機会に知っておくといいでしょう。

　a- には「非・欠」などの意味があり、一時、若者に流行った「（左右）非対称の」
髪型を「アシンメトリー」と言いますが、これは asymmetry です（発音は「エ
イシンメトリー」と読むことの方が多い）。symptom「症状」の形容詞が
symptomatic「症状の」で、これに a がつくと asymptomatic「非（a-）症状の」
→「無症状の」、pre- がつくと pre-symptomatic「症状の前の（pre-）」→「発
症前の・症状が出る前の」となります。

途中答案　**Because the novel[new] coronavirus can be spread by
people who are asymptomatic or pre-symptomatic, 〜**

後半(1)

「ウイルスにさらされている人が多く」→「多くの人がウイルスにさらされている」と考え、many people are exposed to the virus とします（124ページ）。expose A to B「A を B にさらす」の受動態、A is exposed to B「A は B にさらされている」です。be exposed to the virus「ウイルスにさらされる」は新型コロナウイルス関連で頻繁に使われるので知っておくべきですが、「（多くの）人々がウイルスを持っているかも」と考えて {many} people may have the virus と表すのもアリです。

「知らないうちに」は「それを知ることなしに」と考え、without knowing [realizing] it という英作文での頻出表現を使います（目的語 it を補うことを忘れずに）。

【知らないうちに・いつの間にか・気がつけば】

① **without knowing[realizing] it** ※文の主語とknowingの主語が一致している場合
② **before S know[realize] it** ※文の主節の主語とknowの主語が一致していなくてもOK
③ **I find myself -ing**
　　※直訳「私は自分自身が〜していると気づく」→「いつの間にか〜している」

後半(2)

「これによって市中感染につながることもありえる」は、「これ（原因）→ 市中感染（結果）」という関係です。lead to 〜「〜につながる」を使い、〜, and this can lead to community transmission とします。関係代名詞の非制限用法を使って、〜, which can lead to community transmission と表すこともできます。

解答例

Because the novel/new coronavirus can be spread by people who are asymptomatic or pre-symptomatic, [The novel/new coronavirus can be spread by people who are asymptomatic or pre-symptomatic, so] many people are exposed to the virus without knowing it, and this[which] can lead to community transmission.

> novel coronavirus/spread/ be exposed to the virus は 必ずチェック！

✎ 「新型コロナウイルス」の呼び方について
　初めは the novel coronavirus「新型コロナウイルス」と呼ばれていましたが、徐々に novel を省略して the coronavirus と言うことが増えてきました（厳密には「コロナウイルス」自体は他にも種類がありますが、「現在流行しているコロナウイルス」のことだと

わかるため）。そして、WHO は 2020 年に感染拡大した新型コロナウイルスの名称を SARS-CoV-2 と名付け、現在（2020年時点）ではこれが正式名称とされています。

✎ ちなみに、SARS-CoV-2（新型コロナウイルス）による疾病の名称は COVID-19 です。coronavirus disease 2019（2019年に発生した新型コロナウイルス感染症）を略した言葉です。

自己採点ポイント

☐ the novel[new] coronavirus が書けた
☐ can be spread by 〜 が書けた（「可能性がある」に助動詞 can を使えた）
☐「無症状」「まだ症状が出ていない人」を表せた
☐「〜している人が多い」を見て、many people を主語にできた
☐ be exposed to the virus が書けた
☐ without knowing it が書けた
☐ "[原因] lead to [結果]" の形にできた

2

新型コロナウイルスに感染した患者の間で、ビタミンD不足と深刻な病気や死には高い相関関係があることを、世界中で行われた数多（あま）の科学的研究が示した。

新型コロナウイルスに関する表現を使いこなす

中心部分と主語

　文の骨格は「〜ことを数多の科学的研究が示した」で、Numerous scientific studies showed 〜 とします（「数多の」という硬い日本語には numerous が最も合いますが、many や a lot of でも OK です）。今回は「研究が示した」という日本語なので showed を思いつきやすいですが、「研究によって〜がわかった」という日本語にも同じく反応できるようにしておきましょう。

【[研究] によって sv がわかっている】

[研究] **show {that} sv**　　※「研究（者）・実験・結果・データ」が主語になることが多い
※show 以外に、find「発見する」、reveal「〜を明らかにする」、indicate「〜を示す」、suggest「〜を示唆する」、prove／demonstrate／confirm「〜を証明する」が頻出です（長文でもよく出てきますし、語彙問題で問われることもあります）。

主語は「世界中で行われた」が「数多の科学的研究」を修飾するので、Numerous scientific studies <u>conducted around the world</u> とします（conduct a study「研究を行う」という表現は大切で、今回は conducted 〜 が後置修飾しています）。

目的語

showed の目的語「A と B には高い相関関係がある」には、correlation between A and B「A と B の相関関係」という表現を使います（correlation「相関関係」は難しいでしょうが、最近は長文でもよく出ますし、英作文やグラフを英文要約する問題でも使うので、この機会に覚えておきましょう。「共に (cor) 関係すること (relation)」→「相関関係」です）。

"A" 部分は vitamin D deficiency「ビタミン D 不足」、"B" 部分は serious illness and death「深刻な病気や死」とします。どちらも「健康」の話題では欠かせない表現です（実際、「ビタミン D 不足が健康に与える影響」に関する長文が早稲田などで出たこともあります）。

補足部分

「〜の間で」は among 〜 とします。その後は「<u>新型コロナウイルスに感染した患者</u>」を、patients <u>infected with the novel[new] coronavirus</u> と表せば OK です。be infected with 〜「〜に感染している」は重要熟語で、今回は過去分詞 infected with 〜 が patients を後ろから修飾しています。

> **解答例**
>
> Numerous[Many/A lot of] scientific studies conducted around the world showed a high correlation between vitamin D deficiency and serious illness and death among patients infected with the novel[new] coronavirus.

自己採点ポイント

☐ Numerous[Many/A lot of] scientific studies showed 〜 が書けた
☐ conducted を使って後置修飾できた
☐ a high correlation between A and B の形にできた
☐ patients を infected with 〜 で修飾できた

使い捨てプラスチックは世界中の政府から、重大な環境問題である
と考えられている。 （considerを使って）

プラスチックごみに関する表現を使いこなす

全体の構造

　全体は「Aは（〜から）、Bだと考えられている」なので、consider A {to be} B
「AをBとみなす」というSVOCの形を受動態にした、"A is considered {to be}
B" を使います。

中心部分

　語彙がポイントです。「使い捨てプラスチック」はsingle-use[disposable]
plasticsで、これを主語にします（"A"部分）。single-use ／ disposable「使い捨
ての」はどちらもOKですが、single-useはぜひ知っておきたい単語です（コリン
ズ英英辞典で2018年に「今年の英単語」に選ばれ、ニュースで頻繁に出てきます。
176ページ参照）。

　"B"部分は「重大な環境問題」で、a major[top/serious] environmental
problem[challenge] とします（challengeは「（挑戦しがいのある）課題・困難」
の意味でよく使われます）。

補足部分

「世界中の政府から」 →「世界中の政府によって」 と考え、by governments
around the world を加えれば完成です（governmentは意外とつづりのミス
が多いので、しっかりチェックを）。

解答例

Single-use[Disposable] plastics are considered {to
be} a major[top/serious] environmental problem
[challenge] by governments around the world.

> single-use「使
> い捨ての」は最
> 新ニュースでよ
> く使われる！

自己採点ポイント

□ A is considered {to be} B の形にできた
□ single-use[disposable] plastics が書けた
□ environmental problem[challenge] が書けた

4　次の日本文に相当する意味になるように英文の下線部を埋めなさい。

クジラやカメが、胃袋がプラスチックでいっぱいになっている状態で発見されている。

Whales and turtles _____.

プラスチックごみに関する表現を使いこなす

中心部分

「(過去〜現在にわたって／最近) 発見されている」が自然なので、現在完了形＋受動態（have been p.p.）を使い、Whales and turtles have been found とします。

補足部分

「胃袋がプラスチックでいっぱいになっている状態で」は、付帯状況の with を使って表します（122ページ）。with OC「OがCの状態で」の形で、with their stomachs full of plastic とすればOKです。Cに -ing や p.p. がくるパターンをよく見るかもしれませんが、今回のように「形容詞」がきてもOKです（例： Don't speak with your mouth full.「ものを食べながら話をするな」）。

　ちなみに、plastic の後に which[that] they had eaten[consumed]「クジラやカメが食べた [消費した]」を補うとさらに美しい英文になります（「発見された」時点よりも過去に「プラスチックを食べた」ということなので、過去完了形を使います）。

> **解答例**
> Whales and turtles (have been found with their stomachs full of plastic {which[that] they had eaten[consumed]}).

自己採点ポイント

□ have been found が書けた
□ with their stomachs full of plastic が書けた

7

テーマ型[1]

【「プラスチックごみ」関連の表現】

□「プラスチックごみ」：plastic garbage[trash/waste]

□「プラスチック汚染」：plastic pollution

□「使い捨てのプラスチック製ストロー」：single-use plastic straws

□「マイクロプラスチック」：microplastic{s}　※微小なプラスチックのこと

□「ペットボトル」：a plastic bottle

□「ビニール袋・レジ袋」：a plastic bag

□「ビニール袋に料金を課す」：charge for plastic bags

□「食品包装」：food packaging

□「割りばしの使用をやめる」：stop using disposable wooden chopsticks

CHAPTER

8

テーマ型 [2]

1

> 雨の降る日，ひとり，バスを待っていた。遠くの山々は鮮やかな赤と
> オレンジ，黄色に染まっている。

自然・天気に関する表現を使いこなす

【1文目】前置き部分

「雨の降る日」は One rainy day とします（日本語の随筆のような雰囲気にピッタリ合う表現です。On a rainy day も許容範囲です）。rainy は形容詞「雨降りの・雨の多い」、rain は名詞「雨」／動詞「雨が降る」で、単語自体は簡単ですが、英作文ではミスが多いので「品詞」に注意してください。

中心部分

「私はバスを待っていた」と主語を補い、I was waiting for a[the] bus とします（「待っていた途中」なので、過去進行形が適切）。「ひとり」は alone か by myself とします。by は本来「近接（〜の近くに）」を表し、by oneself で「自分のそばに（自分だけ）」→「ひとりで」となりました。

> **解答例**
>
> One rainy day[On a rainy day], I was waiting for a[the] bus alone[by myself].

自己採点ポイント

□ 形容詞 rainy を正しく使えた
□ was waiting for 〜 が書けた
□ alone ／ by myself が書けた

【2文目】主語

「遠くの山々」は、Mountains far away[in the distance] とします（far away「遠く離れた」／ in the distance「遠くの」）。「山々」は mountain を複数形にすればOKです。

【1文目】述語部分

　時制に注意が必要です。日本文「〜に染まっている」の部分だけを見ると「現在」に思えますが、1文目「バスを待っていた」から、実際には「過去」を表しているとわかります。よって、英語では「過去形」が適切です。

「〜に染まっていた」は"物 is colored 色"「物 は 色 に染められている」の形を使い、Mountains far away were vividly colored 〜「遠くの山々は鮮やかに〜に染まっていた」とすればOKです。このcolorの用法は難しいでしょうが、この手のテーマの英作文で便利なので頭に入れておきましょう。

解答例①

Mountains far away[in the distance] were vividly colored red, orange, and yellow.

　解答例①が最も自然ですが、動詞colorの代わりに、have 〜 color「〜色を持っている」の形で表すこともできます。

解答例②

Mountains far away[in the distance] had vivid red, orange, and yellow colors.

自己採点ポイント

□「遠くの山々」を表せた
□「〜に染まっている」を過去形で表せた

【天気の表現】

- [ ] 「天気はどうですか?」:How's the weather?／What's the weather like?
- [ ] 「天気が良い」:It[The weather] is nice.／We are having nice weather.
- [ ] 「今日は快晴になります」:It will be clear today.／It will be a clear day.
- [ ] 「晴れた日には」:on sunny[clear] days　　[ ] 「晴れ渡った空」:clear sky

- [ ] 「曇っている」:It is cloudy.　　[ ] 「曇りになる」:turn cloudy

- [ ] 「雨が降っている」:It's raining[rainy].　　[ ] 「大雨・豪雨」:heavy rain
- [ ] 「にわか雨にあう」:get caught in a shower
- [ ] 「土砂降りだ」:It is pouring.／It is raining heavily.
- [ ] 「びしょぬれになる」:get soaked {to the skin}／get really[totally] wet
- [ ] 「小降りになる」:let up a little　　[ ] 「降雨量」:rainfall／precipitation
- [ ] 「雨がやんだ(やんで晴れた)」:It cleared up.／The rain let up.

- [ ] 「雪が降っている」:It's snowing[snowy].　　[ ] 「大雪」:heavy[a lot of] snow
- [ ] 「強風」:{a} strong wind　　[ ] 「風が強い」:windy／breezy　　[ ] 「そよ風」:breeze
- [ ] 「じめじめした・湿気の多い」:wet／humid　　[ ] 「乾燥した」:dry　　[ ] 「湿度」:humidity
- [ ] 「ひんやりする・肌寒い」:chilly　　[ ] 「温度・気温」:temperature　　[ ] 「度」:degree

---

2　次の文章を読み、下線部を英語に訳しなさい。

Lucy:　Did you enjoy your vacation with your son this summer?

Kazuo: Well, I was so busy that I couldn't afford to take a vacation. 石狩川に一緒に釣りに行こうって, 息子と約束してたんだ。But I broke the promise.

Lucy:　Oh, that's too bad. What did he say, then?

Kazuo: He seemed to understand my situation.

「～へ…しに行く」を表す

全体の構造

「～に行こうって、息子と約束してたんだ」→「私は息子に～すると約束をしていた」と考え、promise 人 that ～「人 に～すると約束する」の形にします

（辞書によっては、はっきりと 人 to 〜の形は NG と書いているものもあります。ただし、現実にはネイティブもこの形をよく使っているようです）。

　もしくは「私と息子は〜する予定だった」と考えて、my son and I were planning to[had plans to] 〜 と表すことも可能です。

途中答案①　I {had} promised my son that 〜

✎ 「約束を破った（broke）」という過去よりも前に「約束していた」わけなので、過去完了形 had p.p. を使っても OK です。ただ、前後関係が明らかなので、特に会話では単に「過去形」を使うこともよくあります。

途中答案②　My son and I were planning to[had plans to] 〜

✎ 英語では人称代名詞を並べるときは、原則「2人称→3人称→1人称」の順番にします。相手を立てるので2人称が先で、自分はへりくだって最後にする感覚です。

後半部分

「〜へ…しに行く」は前置詞に注意が必要です。「石狩川に釣りに行く」という日本語から、つい前置詞は to を使いたくなりますが、(×) go fishing to the Ishikari River は間違いです（「石狩川までずっと釣りをする」という意味になってしまう）。

【〜へ…しに行く】　go -ing (　) 場所　※「-ing と場所の関係」を考える！

①「新宿へ買い物に行った」：We went shopping in Shinjuku.
②「海に泳ぎに行った」：We went swimming in the sea.
③「川に釣りに行った」：We went fishing in[on] the river.
④「山にハイキングに行った」：We went hiking in the mountains.
⑤「湖にスケートしに行った」：We went skating on the lake.
⑥「京都に観光に行った」：We went sightseeing in Kyoto.

　前置詞は in や on を使い、go fishing in[on] the Ishikari River とします。「一緒に」＝「息子と一緒に」なので、go fishing with him in[on] the Ishikari River とすれば OK です。together「一緒に」は主語が「複数概念（my son and I ／ we など）」の場合しか使えません。

✎ 固有名詞には原則 the は不要ですが、「川」の名前には the がつきます（113ページ）。

補足 go fishing in the river は「竿の先が川に入っている」イメージ、もしくは「釣り人自身が川に入っている」イメージです。go fishing on the river だと「ボートの上で釣りをしている」イメージでよく使われます。at はあまり使いませんが、許容範囲でしょう。

8
テーマ型[2]

{Actually,} I {had} promised my son that I would go fishing with him in[on] the Ishikari River.

> together が使えるのは主語が「複数概念」の場合のみ！

補足 actually「実は」を入れることで、話題が少し変わる（発展する）という流れがより自然になります。「実は息子と約束していたけど、破っちゃったんだ」という感じです。

解答例②

{Actually,} My son and I were planning to[had plans to] go fishing in[on] the Ishikari River {together}.

参考解答例

to go fishing「釣りをするために」を使ったパターン

{Actually,} My son and I were planning to[had plans to] go to the Ishikari River to go fishing {together}.

自己採点ポイント

☐ go fishing in[on] 場所 「場所 で釣りをする」が書けた
☐ with 人 と together の使い分けが正しくできた

和訳 ルーシー：息子さんとの夏休みは楽しんだ？
カズオ：うーん、すごく忙しかったから、休みをとる余裕がなくて。(1)石狩川に一緒に釣りに行こうって、息子と約束してたんだ。でもその約束を守れなかった。
ルーシー：あら、それはとても残念だったね。じゃあ息子さんは何て言ってた？
カズオ：僕の状況を理解してくれたみたい。

3

もし明日台風がこなければ，山登りに行きましょう。

災害に関する表現を使いこなす

従属節

「もし明日台風がこなければ」はIf節を使うので、「明日」のことですが、「時・

条件を表す副詞節の中では未来のことでも<u>現在形</u>を使う」というルールにより、If the typhoon <u>doesn't come</u> tomorrow とします。typhoon「台風」は災害関係の英作文で頻出なので、つづりをチェックしておきましょう。

【「台風・地震・火山」に関する頻出表現】

□「(台風・地震などが)起こる」: **hit／strike**
　　※ 災害 hit[strike] 場所 「災害 が 場所 を襲う」の形で使う
□「大型台風」: **a major typhoon**
□「(台風が) 場所 に接近する」: **approach** 場所
□「大地震」: **a major[big] earthquake**
□「津波」: **tsunami**
□「壊滅的な地震」: **a devastating[catastrophic] earthquake**
□「活[休]火山」: **an active[a dormant] volcano**
□「噴火する」: **erupt**
□「噴火」: **eruption**

主節

「～しましょう」は let's ～、「山登りに行く」は go hiking in the mountains という表現を使えばOKです(「山々・山地に囲まれている」というイメージから、mountains と複数形でよく使います。189ページで確認したように、前置詞は in が適切ですね)。climb「登る」を使うと「本格的な登山」を思い浮かべるので、気軽に「山登り」と言いたいときは hiking in the mountains をよく使います(入試ではどちらでもOKですが)。

解答例

If the typhoon doesn't come tomorrow, let's go hiking in the mountains [go mountain climbing].

自己採点ポイント

□ if 節では「現在形」を使えた
□ typhoon が正しく書けた
□ go hiking in the mountains が書けた

8

テーマ型[2]

1

次の日本文の下線部を英語に訳しなさい。

当日現地で手に入れることも可能だが，<u>その切符は事前に購入する</u>
<u>とより安くなる。</u>

交通・旅行に関する表現を使いこなす

主節

「その切符はより安くなる」は the ticket is cheaper とします（比較級にする
のを忘れないように）。ticket は「（コンサートの）チケット」の印象が強いか
もしれませんが、「（バスなどの）切符」や「交通違反切符」にも使われます。

従属節

「事前に購入すると」→「もし人々が事前に購入すれば」と主語を補い、if you
〜 とします（総称の you）。「その切符（＝それ）を購入する」は purchase
[buy] it、「事前に」は in advance です。この in は「形式」を表し、in advance
で「事前という形式で」→「事前に・前もって」となりました。

解答例

The ticket is cheaper if you purchase[buy] it in
advance.

> in advance は
> 資格試験でも
> 頻出！

　人を主語にする発想から、「その切符は安くなる」→「人々はその切符を安く
購入できる・割引してもらえる」と考え、you can get a discount と表すこと
もできます。get a discount は、直訳「割引を得る」→「割引してもらう・安
くしてもらう」です。

参考解答例

You can get a discount if you purchase[buy] the ticket in advance.

□総称の you を使えた
□in advance が書けた

2

次の文章を読んで，下線部を英語に訳しなさい。

A: Did you have a good flight?

B: Yes. 私の席はとても安かったのでサービスは必要最低限でしたが，快適でした。

I love budget airlines.

交通・旅行に関する表現を使いこなす

全体の構造と前半

　全体は「〜なので…だったが、…だった」なので、〜 , so ..., but ... の形を考えます。前半の「私の席はとても安かった」は、My seat was very[really] cheap とすれば OK です。

後半(1)

「サービスは必要最低限だった」は the service was extremely basic とします。basic は「基礎的な」の訳語が有名ですが、「基礎になる」→「不可欠の・必要最低限の」という意味でもよく使われます。

　もしくは「必要最低限だった」→「とても限られていた」と考え、was very limited と表すことも可能です。漢字を「ひらがな」で表す発想です。

✎ 「必要最低限」にぴったりの英語は the bare minimum（bare は「最低限の」）ですが、受験レベルを超えるので参考程度に。

後半(2)

「快適でした」＝「それ（そのフライト）は快適でした」と主語を補います（Did you have a good flight? に対する返答なので）。it[the flight] was comfortable とすれば OK です。

My seat was very[really] cheap, so the service was
extremely basic[very limited/the bare minimum], but
it[the flight] was comfortable.

Although sv, SV.「svだけれどもSVだ」やso ~ that ...「とても~なので…だ」
の形を使って表すことも可能です。

Although the service was extremely basic[very limited/the
bare minimum] beacause my seat was very[really] cheap,
and it[the flight] was comfortable.

My seat was so cheap that service was extremely basic
[very limited/the bare minimum], but it[the flight] was
comfortable.

自己採点ポイント

□「必要最低限」を正しく表せた
□ 主語のit[the flight] を補えた

和訳 A: フライトは快適でしたか？
B: はい。私の席はとても安かったのでサービスは必要最低限でしたが, 快適で
した。私は格安の航空会社がとても気に入っています。
※ Bの最後のセリフのbudgetは、形容詞的に「安い」を表している

3
どんなに海外へ行きたくても，年齢や体調のせいで行けない人がい
る。そういう人には，テレビの旅番組が仮想体験の場になる。さらに，
人は旅番組を通じて，現地に住む人々の生き方から自分のありさま
を確認することができる。

旅行に関する表現を使いこなす

【1文目】中心部分

文の骨格は「海外へ行けない人がいる」なので、主語はSome people ~「~

する人もいる」とします（124ページ）。「海外へ行く」はgo abroad ／ travel abroadです（abroadの代わりにoverseasもOKですが、どちらも副詞なので直前に前置詞は不要）。

【1文目】補足部分(1)

「どんなに海外へ行きたくても」は、複合関係詞however[no matter how]を使います。however 形容詞・副詞 sv「どれほど〜でも」の形で、however [no matter how] much they want[wish] to goとすればOKです。もともとはthey want to go abroad ですが、重複を避けるためabroadは省略します。

【1文目】補足部分(2)

「年齢や体調のせいで」はbecause of 〜／ due to 〜「〜が原因で」を使い、because of[due to] their age or health とすれば完成です。「体調」はphysical conditionもOKですが、「健康」と考えてhealthを使った方が簡単ですね。

> **解答例**
> Some people cannot go[travel] abroad[overseas], however [no matter how] much they want[wish] to go, because of[due to] their age or health.

　以下は「〜する人がいる」を直訳して、There are people who 〜 と表したパターンです。

> **参考解答例**
> There are people who, no matter how much they want[wish] to go, cannot go[travel] abroad[overseas] because of[due to] their age or health.

自己採点ポイント

☐ Some people 〜 が書けた
☐ however ／ no matter how を正しく使えた
☐ go[travel] abroad[overseas] が書けた
☐「原因」を表す表現が使えた

【2文目】全体の構造（主語の決定）

「そういう人には、旅番組が〜の場になる」→「旅番組がそういう人に〜する機会を提供する」と考え、Travel programs {on TV} を主語にします。「旅番組（というもの一般）」なので、無冠詞・複数形（programs）で使います。

【2文目】述語部分

provide 人 with 物「人に 物を提供する」の形で、provide these[such] people with the opportunity to 〜 とすればOKです（to は「同格」で、the opportunity to 〜「〜する機会」）。もしくはprovide 物 for 人 の形を使い、provide the opportunity to 〜 for these[such] people と表すこともできます。「仮想体験」は「仮想で旅行する」と考え、travel virtually と表します。

> **解答例①**
> Travel programs {on TV} provide these[such] people with the opportunity to travel virtually.

> **解答例②**
> Travel programs {on TV} provide the opportunity to travel virtually for these[such] people.

自己採点ポイント
- □ programs を無冠詞・複数形で表せた
- □ provide 人 with 物 ／ provide 物 for 人 の形にできた
- □「仮想体験の場」を柔軟に表せた

【3文目】全体の構造

文の骨格は「人は自分のありさまを確認することができる」です。「自分のありさま」を英語にするのは難しいですが、「自分自身の状況」と考えて their own circumstances、「自分の生き方」と考えて the way they live などと表します（the way sv「sv する方法」）。「確認する」には、reflect on 〜「〜をよく検討する」が最適ですが、単に think about や consider でもOKです。

【3文目】補足部分

「旅番組を通じて、現地に住む人々の生き方から」→「旅番組に映っている現

地の人々の生き方（どのように生きているか）を見ることによって」と考え、by seeing how local people in the travel programs live とします（how local people 〜 live で「どのように現地の人々が生きているか」→「現地の人々の生き方」です。先ほど the way を使ったので、ここでは how とバリエーションをつけると完璧です）。今回のように the way や how を使って表す発想は英作文で大事です。

解答例

> Moreover, they can reflect on[think about/consider] their own circumstances[the way they live] by seeing how local people in the travel programs live.

> local は「田舎の」ではなく、「現地の・地元の」という意味

「現地の人々」は「外国の（現地の）人々」と考えて people in foreign countries と表すこともできます。

参考解答例

> Moreover, they can reflect on[think about/consider] their own circumstances[the way they live] by seeing how people in foreign countries live on those programs.

自己採点ポイント

□「確認する」の意味を考えて表現できた
□「自分のありさま」をかみ砕いて表せた
□「現地に住む人々の生き方」をかみ砕いて表せた

8

テーマ型[2]

197

1　公用語として英語を使っている国はいくつありますか？

言語に関する表現を使いこなす

全体の構造

「～している国はいくつありますか？」→「いくつの国が～していますか？」と考え、How many countries ～ ? とします。その後は「英語を使っている」が続きますが、時制に注意してください。「（国が）英語を使う」は昨日も今日も明日も行われることなので「現在進行形」ではなく「現在形」を使い、How many countries use English ～ ? とします。

補足部分

「公用語として」は as an official language です。公用語とは「国などで公式に定められた言語」なので、official「公式の」を使います。

> **解答例**
> How many countries use English as an official language?

> **参考解答例**
> How many countries are there which[that] use English as an official language?

補足 こちらは直訳で、there are ～「～がある」の形を使い、which ～ が countries を修飾しています。これも満点ですが、上の解答例の方がすっきりした英語です。

自己採点ポイント

□ How many countries ～ ? の形にできた
□ use を現在形で使えた
□ as an official language が書けた

【「言語」関連の頻出表現】

- □「公用語」: an official language
- □「世界の共通語」: the common language of the world
- □「〜の母語」: one's mother tongue／one's native[own] language
- □「英文法」: English grammar
- □「語彙を増やす」: increase one's vocabulary
- □「語彙が豊富」: have a large vocabulary
- □「その地域の方言」: the dialect of the region
- □「フランスなまりの英語を話す」: speak English with a French accent

    ※dialectは主に「文法や語彙の違い」によるなまり、accentは「発音の違いなどによる独特のなまり」

2

次の日本文の下線部を英語に訳しなさい。

ヒカル： 小学校で英語を教えることどう思う？

健太： いいんじゃない。(1) 発音なんか早ければ早いほどいいよ。

ヒカル： (2) でも，まず日本語をしっかりと覚えるのが大事だと思わない？

健太： (3) 外国語を学べば，きっと日本語にも興味を持つよ。

言語に関する表現を使いこなす

(1) 全体の構造

日本文「早ければ早いほどいい」には、The 比較級 sv, the 比較級 SV.「sv すればするほど、SV だ」を使います。ただし、ここから日本語を補って考えないといけません。

「発音なんか早ければ早いほどいい」→「発音を学び始めるのは早ければ早いほどいい」と考え、前半は The earlier you start learning pronunciation とします（動詞は pronounce「発音する」、名詞は pronunciation「発音」でつづりに注意）。後半は the better だけで OK です（The 比較級 sv, the 比較級 SV. の下線部では、文のリズムを整えるために、倒置や省略がよく起きます）。

✎ 「早く」「速く」の区別は34ページ参照。

解答例

The earlier you start learning pronunciation, the better.

「発音なんか」→「発音に関して言えば」と考えて、when it comes to 〜「〜に関して言えば〜・〜のことになると」という慣用表現を使うと、以下のように簡単に表現できます。

When it comes to pronunciation, the earlier, the better.

自己採点ポイント

□ The 比較級 sv, the 比較級 SV. を使えた
□ you などを補って書けた
□ pronunciation が正しく書けた

(2) 全体の構造

「でも、〜だと思わない？」という否定疑問なので、But don't you think {that} 〜？とします。書き言葉では文頭の But は避けられますが、今回は会話問題なので OK です。

(2) that節中

「〜するのが大事だ」は仮主語構文を使って、it is more important to 〜 とします。ここでは「英語の発音を学ぶより、日本語をしっかり覚える方が大事だ」という文脈なので、「比較級」が適切です。

「まず日本語をしっかりと覚える」はここでの意味を考慮して、master Japanese first とするのがいいでしょう。厳密には master は「完全に習得する」で、現実的には小学生のうちに完全に習得するのは難しいでしょうが、試験では減点なしだと思います。

　他には、become proficient in Japanese「日本語が上達する」や focus on learning Japanese「日本語を習得することに重点を置く」などを使っても OK です（become proficient in 〜「〜が上達する」は master まではいかないけれど、ある程度基礎を習得して流暢に使える段階になることを指します。focus on 〜 は「〜に重点を置く・集中する」です）。

解答例①

But don't you think it's more important {for children} to master Japanese first?

解答例②

> But don't you think it's more important {for children} to become proficient in[to focus on learning] Japanese first?

自己採点ポイント

□ don't you think ～ ? と否定疑問文が作れた
□ it's more important {for children} to ～ と仮主語構文が作れた
□ master ／ become proficient in ～／ focus on learning などが書けた

(3) 従属節

「外国語を学べば」＝「もし生徒（小学生）が外国語を学べば」と主語を補い、If the students learn a foreign language とします。主語は複数でも、それぞれの生徒が「1つずつ外国語を学ぶ」状況を想定する場合は、単数形 a foreign language で OK です。

　ちなみに、「時・条件を表す副詞節の中では未来のことでも現在形を使う」というルールにより、if 節では現在形（learn）を使います。

(3) 主節

「彼らはきっと日本語にも興味を持つよ」は、become[get] interested in ～「～に興味を持つ」を使います（be は「状態」、become や get は「変化」を表します）。

解答例

> If the students learn a foreign language, they will probably become[get] interested in Japanese, too[as well].

learn a foreign language「外国語を学ぶ」は必須表現！

～ , too[as well]. 以外に、also も使えます。

参考解答例

> ～, they will probably also become[get] interested in Japanese.

自己採点ポイント

□ 主語 the students を補えた
□ learn a foreign language が書けた（かつ現在形で使えた）
□ become[get] interested in ～ が書けた

□「外国語を学ぶ」：learn a foreign language
□「英語力を磨く」：improve one's English
□「語学[英語]力」：one's language[English] ability
□「たくさんの英語表現を暗記する」：memorize a lot of English expressions
□「〜に対してバランスのとれた方法をとる」：take a balanced approach to -ing
□「バランスのとれた方法で英語を勉強する」：study English in a balanced way

3

英語によるコミュニケーションの成功は、話し手の観点から考えられがちだ。しかしながら、円滑なコミュニケーションを行うためには、聞き手も積極的に会話に参加することが不可欠である。

コミュニケーションに関する表現を使いこなす

【1文目】中心部分

「〜は考えられがちだ（受動態）」→「人々は〜について考えがちだ（能動態）」と考えます（日本語では受動態でも、英語では能動態の方が自然になることはよくあります）。tend to 〜「〜しがち」という熟語（142ページ）を使って、People tend to think about 〜「人々は〜について考えがちだ」とすればOKです。

「英語によるコミュニケーションの成功」は、success in communicating in English ／ successful communication in English です。success in 〜「〜における成功」→「〜の成功」の形はよく使われます（in は「範囲」）。また、「英語による」は in English が有名ですよね（「〜による」という日本語につられて、by を使わないように注意してください）。

【1文目】補足部分

「話し手の観点から」は、from a 〜 perspective ／ from a 〜 point of view という決まり文句を使います。spect は「見る」という意味で（例：inspect「中を見る」→「検査する」）、perspective は「ものの見方・視点・観点」を表します。今回の「コミュニケーション」に限らず、「言語」「文化」「旅」などさまざまなテーマで活躍する表現です。

People tend to think about success in communicating [successful communication] in English from the[a] speaker's perspective[point of view].

> from a ～ perspective [point of view] はいろんなテーマで重宝する

　英語としては能動態がベスト、かつ実は書きやすいのですが、受動態で表すと以下になります。

参考解答例

Success in communicating[Successful communication] in English tends to be considered from the speaker's perspective[point of view].

【「価値観・観点・視野」に関する頻出表現】

- □「価値観の違い」：differences in values　※両方とも複数形で使うのが普通
- □「～という観点から」：from a ～ perspective／from a ～ point of view
- □「この点で」：in this way[respect]
- □「多くの点で」：in many ways[respects]
- □「視野を広げる／視野が広がる」：broaden one's horizons[mind/perspective]
- □「より広い心を持つ」：be more open-minded
  　※open-minded「偏見のない・頭が柔らかい」

自己採点ポイント

- □ tend to ～ が書けた
- □ success in communicating ／ successful communication が書けた
- □「英語による」に前置詞 in を使えた
- □ from a ～ perspective[point of view] を使えた

【2文目】中心部分

　「聞き手も～することが不可欠である」は、仮主語構文 "It is important for 人 to ～" で表します（「不可欠」はシンプルに important で十分）。「積極的に会話に参加する」は、participate[take part] in the conversation actively とすればOKです。

8

テーマ型[2]

203

【2文目】補足部分

「円滑なコミュニケーションを行うためには」→「円滑にコミュニケーションするために」と考え、{in order} to communicate smoothly とします。make OCの形を使い、make it go smoothly と表すことも可能です（解答例①では、it は conversation を指しています）。

However, it is also important for the listener to actively participate[take part] in the conversation {in order} to communicate smoothly[make it go smoothly].

補足 actively が participate in 〜 を修飾することを明確に示すため、it is also important for the listener to actively participate in 〜 とするのが英語としては最も自然です。to不定詞の後ろは「動詞の原形」が基本ですが、実際には間に「副詞」が入ることもあるのです（この "to ＋副詞＋原形" のように to と原形が離れた形は「分離不定詞」と呼ばれます）。ただ、it is also important for the listener to participate in the conversation actively と、actively を後ろに置いても問題ありません。

「聞き手も〜することが不可欠である」→「聞き手も〜する必要がある」と考え、解答例②のように the listener を主語にすることも可能です（「人」を主語にする発想）。

解答例②
However, {in order} to communicate smoothly, the listener also needs to actively participate[take part] in the conversation.

> 「人」を主語にしてみる！

以下は直訳に近いパターンで、前半は to 〜「〜するために」に意味上の主語 "for 人" を加えた形になっています。また、主節の主語を the listener's active participation in the conversation（会話への聞き手の責任的な参加）としています。

参考解答例
However, for communication to occur smoothly, the listener's active participation in the conversation is also necessary[needed].

自己採点ポイント

□「目的」を表す表現が使えた
□「〜することが不可欠だ」を表せた
□ participate in 〜／ take part in 〜 が書けた

> 今回の「言語」は入試頻出ですが、それに加えて「価値観」の表現もいろいろな場面で使いまわせるはず！

8

テーマ型[2]

1

(1) 多くのことわざは世代から世代へと受けつがれてきた。

(2) ことわざはそれを使用する人々の習慣について多くのことを教えてくれる。

文化に関する表現を使いこなす

(1) 中心部分

「多くのことわざは受けつがれてきた」は、pass down「伝える」を使います（直訳「下に（down）パスする（pass）」→「伝える」）。「（過去〜現在にわたって）受けつがれてきた」ということなので、現在完了形＋受動態（have been p.p.）にして、Many proverbs have been passed down とすれば OK です。

補足部分

「世代から世代へと」は、from generation to generation という決まり文句を使います（from A to B の形の慣用表現で、名詞は「無冠詞・単数形」で使う点にも注意してください）。be passed down from generation to generation「世代から世代へ受けつがれる」はよく使われるので、このまま使えるようにしておきましょう。

> 解答例
>
> Many proverbs have been passed down from generation to generation.

自己採点ポイント

□ 現在完了形＋受動態（have been p.p.）にできた

□ pass down が書けた

□ from generation to generation が書けた

【「慣習」に関する頻出表現】

□「(〜と)握手する」:shake hands {with 〜}　　※複数形handsで使う点に注意
□「お辞儀(する)」:bow
□「国民性」:national character
□「生活様式」:lifestyle／way of life[living]
□「世代から世代へ受けつがれる」:be passed down from generation to generation

(2) 中心部分

「ことわざは私たちに〜について教えてくれる」と目的語を補い、tell 人 about 〜「人 に〜について教える」の形にします(「(相手が知らない情報を)教える」には tell が適切でしたね(78ページ)。また、tell の後ろには原則 人 がきます)。主語は「ことわざ(というもの一般)」なので無冠詞・複数形で、Proverbs tell us a lot about 〜 とすればOKです。

(2) about以下

「それを使用する人々の習慣」では、「習慣」の使い分けがポイントです。

【「習慣」の区別】

①「個人的な習慣・癖」:a habit
②「社会的・文化的な習慣・慣習」:a custom

　今回は「ことわざが教えてくれる人々の習慣」＝「社会的・文化的な習慣」なので、custom を使います。「それを使用する人々の習慣」は関係代名詞を使い、the customs of people who use them とすればOKです。

解答例

Proverbs tell us a lot about the customs of people who use them.

「個人的」には habit、「社会・文化的」には custom

自己採点ポイント

□無冠詞・複数形で proverbs を使えた
□tell 人 about 〜 の形にできた
□「習慣」に custom を使えた

8

テーマ型[2]

ここ10年、大学の国際化や研究者間の交流が進んでいる。日本の大学は海外留学を奨励したり、宗教や生活様式の異なる留学生を受け入れている。

留学に関する表現を使いこなす

【1文目】前置き表現

「ここ10年」はOver[In] the past 10 yearsとします。overは本来「覆う」イメージで、over the past 10 yearsで「ここ10年を覆って」→「ここ10年にわたって」を表します。

【1文目】中心部分

「大学の国際化や研究者間の交流が進んでいる」→「大学がより国際化している」「研究者はお互いにより交流するようになっている」として、それぞれの主語を決めます。英作文では、日本語をそのまま訳すのが難しい場合、「SVをずらす」ことで突破口が開けることがよくあるのです。

「大学がより国際化している」は、「大学がより国際化されるようになっている」ということなので、universities have become more internationalizedとします（internationalizeは動詞「国際化する」）。主語は「大学（というもの一般）」を表しているので、無冠詞・複数形が適切です。また、時制は「ここ10年」＝「10年前～現在まで」を表しているので、現在完了形＋受動態（have been p.p.）にします。

✏ "over 期間"と現在完了形はよくセットで使われ、文法問題でも頻出なので、ここでしっかり使えるようにしておきましょう。

「研究者はお互いにより交流するようになっている」は、researchers have been[are] interacting more with each otherとすればOKです（interact with ～「～と交流する」）。

　ちなみに、この部分はそのまま直訳して、interaction between researchers has increasedと表すこともできます。interaction「交流」は自由英作文でも便利な単語です。

解答例

Over[In] the past 10 years, universities have become more internationalized, and researchers have been[are] interacting more with each other. ／〜, and interaction between researchers has increased.

> 行き詰まったら「SVをずらす」！

　問題文の日本語の構造をある程度そのままに考えて、「大学の国際化や研究者間の交流（collaboration ／ cooperation）において進歩している」とすることも可能です。make progress[advances] in 〜「〜において進歩する」が、完了形＋受動態（have been p.p.）になった形です。

参考解答例

Over[In] the past 10 years, progress has been made[advances have been made] in internationalization of universities and collaboration[cooperation] between researchers.

✏ progress は「進歩全体」を表すため不可算名詞、advance は「1つひとつの進歩」を意識するため可算名詞として使われます。in は「範囲（〜において）」です。

自己採点ポイント

☐ Over[In] the past 10 years が書けた
☐ 日本語をかみ砕いて SV をしっかり決められた
☐ 現在完了（進行）形を使えた

【2文目】前半

「日本の大学は海外留学を奨励している」には、encourage 人 to 〜「人 が〜するよう奨励する」を使います（「日本の大学は学生を〜するよう奨励する」ということなので、人 には their students が入ります）。「海外留学をする」は study abroad です。

✏ 1文目に「ここ10年」とあるので、時制は「現在完了進行形」が最も自然です（10年前からの「継続」を表す）。ただ、現在進行形でも減点はされないでしょう。

【2文目】後半

「〜を受け入れる」は accept[admit/welcome]、「宗教や生活様式の異なる留学生」は international[foreign] students who have[with] different religions

8

テーマ型[2]

209

and lifestyles[ways of life] とします。「留学生」は簡単そうに見えて、書ける受験生が意外と少ないのでこの機会に覚えておきましょう。international「国際的な」やforeign「外国の」を使えばOKです。

解答例

Japanese universities have been[are] encouraging their students to study abroad and accepting [admitting/welcoming] international[foreign] students who have[with] different religions and lifestyles[ways of life].

「留学」の話題
は自由英作文
でも定番！

自己採点ポイント

□ encourage 人 to ～ の形にできた
□ study abroad が書けた
□ international[foreign] student が書けた
□ student を who have ～／ with ～ で後置修飾できた

さあ、次でラストです！ 219ページのmemo
に大きく「○○大絶対合格！」と書いておこう！

1　政治家にとって，その地位を利用して不法な利益を得ることは問題外です。

政治に関する表現を使いこなす

日本語の吟味

　問題文は2つの捉え方があり、①「政治家本人は〜を問題外だと考えている」、②「政治家が〜することは問題外だ」が考えられます。まずは①の解釈で表してみます。

　①「政治家本人は〜を問題外だと考えている」

　主語は「政治家（というもの一般）」なので、無冠詞・複数形でPoliticiansとします。その後はconsider O {to be} Cの形を利用し、Politicians consider it {to be} out of the question to 〜 とすればOKです（itは仮O、to 〜 が真O）。out of the questionは、直訳「問題（the question）の外（out of)」→「問題外」と簡単に理解できますね。代わりにunforgivable「許すことのできない」やunthinkable「考えられない・あり得ない」を使ってもOKです。

　「その地位を利用する」はuse their status[position]、「不法な利益を得る」はprofit illegallyやgain illegal profitsとします。どちらも政治・経済でよく使う表現です。

解答例①
> Politicians consider it {to be} out of the question [unforgivable/unthinkable] to use their status[position] to profit illegally[gain illegal profits].

　②「政治家が〜することは問題外だ」

　仮主語構文"It is 形容詞 for 人 to 〜"を使い、It is out of the question [unforgivable/unthinkable] for politicians to 〜 とします。この場合は「政治家本人が〜だと思っている」のではなく、客観的な他者からの評価を表します。

解答例②

It is out of the question[unforgivable/unthinkable] for politicians to use their status[position] to profit illegally [gain illegal profits].

他に、For 人 to ～「人が～すること」と主語を作って For politicians to ～ is out of the question[unforgivable/unthinkable]. と表すパターンや、Politicians using ～「～を使う政治家」と後置修飾して、Politicians using ～ is out of the question[unforgivable/unthinkable]. と表すこともできます。

解答例③

For politicians to use their status[position] to profit illegally [gain illegal profits] is out of the question[unforgivable/ unthinkable].

解答例④

Politicians using their status[position] to profit illegally [gain illegal profits] is out of the question[unforgivable/ unthinkable].

さらに、「人」を主語にする発想から、「政治家が～することは問題外」→「政治家は～してはいけない」と表すこともできます。Politicians must[should] not ～ です。

参考解答例

Politicians must[should] not profit illegally[gain illegal profits] by taking advantage of their status[position].

参考解答例

直訳バージョンとして

For politicians, it is out of the question to profit illegally[gain illegal profits] by taking advantage of their status[position].

自己採点ポイント

□ politicians を無冠詞・複数形で使えた
□ 「地位」を status や position で表せた
□ profit illegally ／ gain illegal profits が書けた

【「選挙」関連の頻出表現】

- □「〜に立候補する」：run for 役職 ／run in 選挙
- □「選挙の結果」：the result{s} of an election／election results
- □「当選する」：win an election／be elected
- □「選挙[投票]権」：the right to vote
- □「選挙権年齢を下げる」：lower the voting age
- □「政党」：a {political} party
- □「その政治家の政策」：the politician's policies

2　確かに変わったのは，私たちのあいだで貧富の格差が拡大したことだ。

経済に関する表現を使いこなす

主語

全体の構造は「変わったのは〜したことだ」で、SVCを考えます。

主語「確かに変わったの」＝「確かに変わったこと」は、関係代名詞whatを使って、What has surely[certainly/definitely] changed ／ What has changed for sure とします。「（過去〜現在にかけて）変わってきたこと」なので、現在完了形が適切です。

that節中

「（過去〜現在において）貧富の格差が拡大した」なので、ここでも現在完了形を使います。「貧富の格差」は the wealth gap ／ the gap between rich and poor（the rich and the poorのように the をつけても OK）、「拡大した」は has widened ／ has grown larger とすればOKです。どちらも格差が広がる現代では欠かせない表現なので、必ずマスターしておきましょう（長文でも頻出です）。

✎　「私たちの間で」は「話し手と聞き手」ではなく、今回は「社会における人々の間で」といった意味だと考えられます。よって、between usを入れるとかえって不自然です。

解答例①

What has surely[certainly/definitely] changed is that the wealth gap[the gap between {the} rich and {the} poor] has widened[has grown larger].

　ちなみに、「貧富の差」はeconomic inequality（経済的不平等）と表すこともできます。equality「平等」は「イコール（equal）」から理解できますね。それに否定のinがついた単語がinequality「不平等・格差」です。income inequality「所得の不平等」、gender inequality「男女不平等」など、長文でもよく出てきます。

解答例②

What has surely[certainly/definitely] changed is that economic inequality has increased.

自己採点ポイント

□関係代名詞を使って主語を作れた
□現在完了形で表せた
□the wealth gap ／ the gap between {the} rich and {the} poor ／ economic inequality が書けた

【「格差・貧困」に関する頻出表現】

□「貧富の（格）差」：the wealth gap／the gap between {the} rich and {the} poor
□「経済的不平等」：economic inequality
□「所得格差」：income gap
□「平等の実現」：the achievement of equality
□「不平等[貧困]をなくす」：eliminate inequality[poverty]
□「生活水準」：the standard of living
□「生活の質」：the quality of life

日本は、中小企業が多いことで知られている。日本経済にとって、中小企業は経済を活性化させる重要な役割を果たしており、中小企業の活躍は不可欠である。だからこそ、国は、中小企業を支援する経済政策を進めていくべきである。

経済に関する表現を使いこなす

【1文目】

「～で知られている」は be known for ～ とします。

【be knownの3パターン】

① **be known to ～**「～に知られている」　　※「方向・到達」の to
② **be known for ～**「～で有名」　　　　　　※「理由」の for
③ **be known as ～**「～として有名」　　　　※「イコール」の as

　　Japan is known for ～ の後は「中小企業が多いこと」→「（日本は）たくさんの中小企業を持っていること」と考え、having a lot of[many] medium-sized and small enterprises とします。

> 解答例
>
> Japan is known for having a lot of[many] medium-sized and small enterprises.

自己採点ポイント

□ be known for ～ が書けた
□「中小企業を持っている」と考えて have を使えた

【2文目】前半

　　「重要な役割を果たしている」には、play a 形容詞 role[part] in ～「～において形容詞 な役割を果たす」という英作文での頻出表現を使います（128ページでも出てきました）。今回は 形容詞 に important などを入れればOKです。そして、in 以下の「経済を活性化させる」は stimulate the economy という重要表現を使いましょう。

【～において 形容詞 な役割を果たす】

| **play a 形容詞 role[part] in ～**　　※inは「分野・範囲（～において）」を表す

【2文目】後半

「中小企業の活躍は不可欠だ」は their activities are essential とします（activity は「活動」だけでなく、「活躍」を表す場合もあります）。最後に for the Japanese economy「日本経済にとって」を加えれば完成です。

> **解答例**
>
> These businesses play an important[vital/critical] role in stimulating the economy, and their activities are essential for the Japanese economy.

補足 主語は「中小企業」ですが、1文目で medium-sized and small enterprises を使っているので、these businesses「こういった企業」と表しています（business は「仕事・事業」以外に、「会社・企業」という意味があり、実際に頻繁に使われます）。These companies でも OK ですし、単に They と表すことも可能です。

自己採点ポイント

☐ play an important role[part] in ～ が書けた
☐ stimulate the economy が書けた

【3文目】前置き部分

「だからこそ」は For this reason ／ Therefore ／ That is why とします。書き言葉では、文頭に So を置くのは避けた方が無難です。

【3文目】中心部分

「国は経済政策を進めていくべき」が骨格で、ここでは「国」は「日本」のことなので、Japan should develop economic policies とします（the government「政府」、the nation「国家」などでも OK です）。ここでの「進める」は難しいですが、develop ／ promote ／ create が適切でしょう。develop は「発達する・させる」という訳語にとらわれず、「ブワ～ッと広げる」イメージを持ってください。

　そして「中小企業を支援する」が「経済政策」を修飾しているので、関係代名詞を使って economic policies which[that] support them とすれば OK です。

8

テーマ型
[2]

For this reason, [Therefore,/That is why] Japan[the Japanese government/the government/the nation] should[must/needs to] develop[promote/create] economic policies which[that] support them.

【「経済」関連の頻出表現】

- □「発展途上国」:developing countries
- □「先進国」:developed countries
- □「経済大国」:an[a] {major} economic power
- □「経済成長」:economic growth
- □「経済を活性化させる」:stimulate the economy
- □「国際貿易」:international trade
- □「円高[円安]」:the strong[weak] yen
- □「需要と供給」:demand and supply
....
- □「(景気が)停滞した」:stagnant
- □「不景気」:recession／economic downturn
- □「不況」:depression　※recessionより「長期の深刻な不景気・不況」を表す
- □「悪循環」:a vicious cycle
- □「財政赤字」:a fiscal deficit

- □「だからこそ」を表せた
- □主語をJapanなどにできた
- □「進める」にdevelopやpromoteなどを使えた
- □関係代名詞which[that]でeconomic policiesを修飾できた

memo

memo

memo

memo

memo

〔著者紹介〕
関　正生（せき　まさお）
オンライン予備校『スタディサプリ』講師。

　1975年東京生まれ。埼玉県立浦和高校、慶應義塾大学文学部（英米文学専攻）卒業。TOEIC®L&Rテスト990点満点取得。

　今までに出講した予備校では、250人教室満席、朝6時からの整理券配布、立ち見講座、定員200名の講座を1日に6回行い、すべて満席。出講した予備校すべての校舎で最多受講者数・最多締め切り講座数・受講アンケート全講座1位獲得。スタディサプリのCMでは全国放送で「授業」を行う（2017年から2022年まで6年連続）。YouTubeの授業サンプルの再生回数は累計3000万回突破。TSUTAYAの学習DVDランキングでトップ10を独占。

　著書は『真・英文法大全』『カラー改訂版　世界一わかりやすい英文法の授業』（以上、KADOKAWA）、『丸暗記不要の英文法』（研究社）、『サバイバル英会話』（NHK出版）、『関正生のTOEIC®L&Rテスト文法問題　神速100問』（ジャパンタイムズ出版）など累計300万部（韓国・台湾などでの海外翻訳12冊）。NHKラジオ講座『小学生の基礎英語』（NHK出版）、英語雑誌『CNN ENGLISH EXPRESS』（朝日出版社）、週刊英和新聞『Asahi Weekly』（朝日新聞社）などでの連載。ビジネス雑誌での取材、大学・企業での講演多数。オンライン英会話スクール『hanaso』（株式会社アンフープ）での教材監修など、英語を勉強する全世代に影響を与える英語講師。

大学入試問題集　関正生の英作文ポラリス
[1　和文英訳編]

2020年11月20日　初版発行
2024年9月5日　　8版発行

著者／関　正生

発行者／山下　直久

発行／株式会社KADOKAWA
〒102-8177　東京都千代田区富士見2-13-3
電話　0570-002-301(ナビダイヤル)

印刷所／大日本印刷株式会社

●お問い合わせ
https://www.kadokawa.co.jp/（「お問い合わせ」へお進みください）
※内容によっては、お答えできない場合があります。
※サポートは日本国内のみとさせていただきます。
※Japanese text only

定価はカバーに表示してあります。

©Masao Seki 2020　Printed in Japan
ISBN 978-4-04-604794-6　C7082

大学入試問題集

関正生の英作文
和文英訳編

ポラリス ✦ POLARIS

1

【別冊】問題編

関正生 著

別冊は、本体にこの表紙を残したまま、ていねいに抜き取ってください。
なお、別冊の抜き取りの際の損傷についてのお取り替えはご遠慮願います。

大学入試問題集

関正生の

英作文

和文英訳編

ポラリス **POLARIS** **1**

【別冊】問題編

関正生 著

⟋ CONTENTS

本文デザイン／浅野悠
DTP組版／株式会社 河源社

CHAPTER

1

——

文法型 [1]

次の日本文を英語に訳しなさい。

1

私は来週の水曜日にオーストラリアに向けて旅立つ予定です。

（群馬大学）

【解答と解説】▶P.024

ヒント　まずはplanを使わない表現を考えてみよう。

2

あなたは暇なとき何をしていますか。

（武庫川女子大学短大部）

【解答と解説】▶P.025

次の日本文を英語に訳しなさい。

3

彼女はそのラジオ講座が初めて放送されたときからずっと、その番組で中国語を勉強しています。

（日本女子大学）

【解答と解説】▶P.026

語句　□ そのラジオ講座　the radio course
　　　□ その番組で　with that radio course

次の日本文に相当する意味になるように英文の空所を埋めなさい。

4

私が駅に着いた時、列車はすでに出発していた。

（熊本保健科学大学）

When I (　　　　　　　　　　　　　　).

【解答と解説】▶P.027

(1) (2) の日本文を英語に訳しなさい。

1

Peter:　We've finally arrived!

Jackie:　(1) 思ってたより，ずっと早く着いたね。

　　　　　The last time I came here, it took four hours.

Peter:　Four hours for this short trip!

　　　　　(2) 英国に来られたのはどれくらいぶりですか。

Jackie:　Well, almost twenty-five years.

（京都教育大学）

【解答と解説】▶ P.030

_____

_____

_____

_____

_____

_____

_____

_____

ヒント (2) 直後の返答につながる発言を考えよう。

語句 □ 英国　**the UK**

次の日本文を英語に訳しなさい。

2

君といっしょに行けないことがわかった時、すぐに君に話しておくべきだった。

（日本女子大学）

【解答と解説】▶ P.032

3

1時間早く出発していたら，今頃は目的地に到着していたでしょう。

（日本女子大学）

【解答と解説】▶ P.034

次の日本文に相当する意味になるように英文の空所を埋めなさい。

1

その自転車がもう少し安かったら、彼は買っていただろう。

Had that bicycle (　　　　　　　　　　　　　　　　).

（学習院大学）

【解答と解説】▶ P.036

次の日本文を英語に訳しなさい。

2

それは古びたアナログ (analogue) 録音かと思うくらい、本物らしく聞こえる。

（横浜市立大学）

【解答と解説】▶ P.037

ヒント 「それは〜と思うくらい」→「それはまるで〜のように」と考えてみよう。

語句 □ 古びたアナログ録音　an old analogue recording

次の日本文を英語に訳しなさい。

3

ジリアンとマーティン（Jillian and Martin）は6月に結婚することに決めた。ふたりとも結婚する日を楽しみにしている。

（三重大学）

【解答と解説】▶ P.038

4

私は彼に助言を求めたことを後悔している。

（岩手医科大学）

【解答と解説】▶ P.040

次の日本文を英語に訳しなさい。

1

A：私たちは 2 月末までに中国であの新たな農業ビジネスを立ち上げる準備ができるでしょうか。

B：実を言うと，期日に間に合わせることができるかどうか，私はいまだに確信がありません。

（群馬大学）

【解答と解説】▶ P.042

ヒント B：「期日に間に合わせる」→「時間通りに準備できている」「物事を時間通りに終わらせる」と考えてみよう。

語句 □ 農業ビジネス　agricultural business

次の日本文を英語に訳しなさい。

2

嵐のせいで，私たちにはしばらくそこに留まる以外の選択肢は
なかった。強風がおさまり無事に帰宅できたのは，朝になって
からだった。

（成城大学）

【解答と解説】▶ P.045

語句 □ しばらく　**for a while**
　　　 □ 強風がおさまった　**the storm died down**

CHAPTER
2

—

文法型 [2]

次の日本文を英語に訳しなさい。

1

人間は，言語を使うことによってお互いに意思疎通できる，という点において独特である。

《出典》「CROWN English Reading」三省堂(2010)

（東京薬科大学）

【解答と解説】▶P.050

次の文章を読んで、下線部を英語に訳しなさい。

2

<u>日本が他の文化に対して柔軟でない限り、こうした悪循環を是正することは不可能です。</u>

And since they are now exposed to new competition from countries such as South Korea, China, and India, if Japanese companies do not possess the broadmindedness to accept talent from around the world, it is clear they will fall further behind in the international business environment.

（福島大学）

【解答と解説】▶P.051

 □ ～に対して柔軟だ　be flexible to[towards] ～

次の日本文を〔　〕内の語で始まる英語の文に訳しなさい。

3

私に関する限り，異議はありません。〔As〕

（高知大学）

【解答と解説】▶ P.053

次の日本文に相当する意味になるように英文の空所を埋めなさい。

4

彼女は私が発表の準備ができているか尋ねた。

She (　　　　　　　　　　　　　　　　) presentation.

（学習院大学）

【解答と解説】▶ P.054

次の日本文を英語に訳しなさい。

1

夕方弟が持ってきてくれたサンドイッチが，その日最初にとった食事だった。

（日本女子大学）

【解答と解説】▶ P.056

語句 □ **食事　meal**

次の日本文を<u>与えられた書き出しにしたがって</u>、英語に訳しなさい。

2

驚いたことに、私の調べた資料は、私が最も重要だと思った問題について全く言及していなかった。

I was surprised to ...

（中央大学）

【解答と解説】▶ P.057

ヒント 「驚いたことに」→「〜とわかって驚いた」と考えてみよう。

語句 □ **〜について言及する　mention ／ refer to 〜／ discuss ／ talk about 〜**

次の日本文の下線部を英語に訳しなさい。

3

丘のうえに松の木が一本ある。ずっと向うに, 海をへだててヴェスヴィオ火山が見える。白黒写真のそんな絵はがきを父からもらって, ながいことなくさずに持っていた。小学校一年のとき, 父が洋行の旅先から送ってくれたものである。自分と妹の名でもらったことが, しかもそれがふだんはいっしょに暮らしている父から来たことがうれしかったのを覚えている。

(大阪府立大学)

【解答と解説】▶ P.059

ヒント　「〜をもらったことが、しかも〜」→「〜をもらってうれしかったことを覚えている。しかもそれが…だったので」という構造で表してみよう。

語句　□ 自分と妹の名で　addressed to my sister and me

次の日本文を英語に訳しなさい。

1

19 世紀の画家たちが生涯を捧げた絵画の美しさに私は大いに興奮した。

（青山学院大学）

【解答と解説】▶ P.062

次の日本文の下線部を英語に訳しなさい。

2

自分がやられて嫌なことは他人にもするな。自分がやられて嬉しいことを他人にもしてあげなさい。

（大分大学）

【解答と解説】▶ P.063

次の日本文を英語に訳しなさい。

3

彼らは遊ぶのが楽しく，いつでも遊べるときには遊ぼうとします。

（東京学芸大学）

【解答と解説】▶P.065

次の日本文の下線部を英語に訳しなさい。

4

母が言った。「どんな夢でも、それを達成するために努力することが大切なのよ。」

（成城大学）

【解答と解説】▶P.066

CHAPTER

3

——

文法型 [3]

次の日本文を英語に訳しなさい。

1

猫は熱心な愛猫家が考えたがっているほど社会的に洗練された動物ではない。

(大阪医科大学)

【解答と解説】▶ P.070

語句　□ **熱心な愛猫家　passionate cat lover**

次の日本文の下線部を英語に訳しなさい。

2

その映画を先日見て来たのだが、思っていたよりもずっと面白かったよ。

(成城大学)

【解答と解説】▶ P.071

次の日本文を英語に訳しなさい。

3

地球の気候変動により、雪が以前ほど降らなくなった。

【解答と解説】▶ P.072

次の日本文を [ ] の語を使って英語に訳しなさい。

4

もう少し安いのはありませんか。（8 語）
[anything / little / expensive]

（早稲田大学）

【解答と解説】▶ P.074

演習問題

次の日本文を英訳しなさい。

1

※長文の中での英作文で、文頭の「これ」は「ヒンディー語」のことを指しますが、itを使ってください。

これは世界で4番目に最も多く話されている言語だが、その話者は主にインドの一地域に集中している。

（東海大学）

【解答と解説】▶ P.076

語句　□ **インドの一地域　one[a certain] area of India**

次の日本文を英語に訳しなさい。

2

切手 (stamps) はどこで買うことができますか?

（大同大学）

【解答と解説】▶ P.077

次の文章を読んで、下線部を英語に訳しなさい。

3

Complicated things, everywhere, deserve a very special kind of explanation. 私たちはそれらがどうやって誕生したのか，なぜそんなに複雑なのかを知りたいのである。

（首都大学東京［現・東京都立大学]）

【解答と解説】▶P.079

次の日本文を英語に訳しなさい。

4

次の大統領には誰がなると思いますか。

（ノートルダム清心女子大学）

【解答と解説】▶P.080

次の日本文を英語に訳しなさい。

1

成功するためには、リスクをとらなければならず、持っているもので最善を尽くさなければならない。

（福島大学）

【解答と解説】▶ P.082

次の日本文を [　] の語を使って英語に訳しなさい。

2

彼はこのことには関係ないと思う。（11 語）

[don't / to do / the matter]

（早稲田大学）

【解答と解説】▶ P.083

ヒント "no = not 〜 any" の関係を利用しよう。

次の日本文を英語に訳しなさい。

3

いつの世も，大衆はヒーローを待望する。だが，ヒーローは
必ずしも，正義の味方であるとは限らない。

（津田塾大学）

【解答と解説】▶P.084

ヒント （2文目）「正義の味方である」→「正義の側にいる・正義を支持している」「正義
のために戦う」と考えてみよう。

語句 □ いつの世も　in all ages ／大衆　the people

次の日本文に相当する意味になるように英文の空所を埋めなさい。

4

彼女を除いて誰もその数学の問題を解くことができなかった。

Nobody (   ).

（学習院大学）

【解答と解説】▶P.086

演習問題

次の日本文を英語に訳しなさい。

1

なぜあなたは故意に私を怒らせたのですか。その理由を教えて
ください。

（武蔵野美術大学）

【解答と解説】▶ P.088

次の日本文に相当する意味になるように英文の空所を埋めなさい。

2

友人のひとりが「どうしてそんなに簡単にお金がもうけられると
思うの」と尋ねた。

A friend of mine asked, "What (   )?"

（関西学院大学）

【解答と解説】▶ P.089

語句 ☐ お金をもうける　**make money**

次の日本文を英語に訳しなさい。

3

「お待たせしてすみません。」

「いいえ、私もいま来たところです。」

【解答と解説】▶P.090

CHAPTER

4

——

思考型

次の日本文を英語に訳しなさい。

1

このバスの定員は 50 名だ。

（愛知教育大学）

【解答と解説】▶ P.094

ヒント　行き詰まったら、「人」を主語にして表してみよう。

2

発展途上国による乱開発を責めるよりも，私たちの経済活動が
地球に及ぼす影響を考えることにもっと時間をかけるべきだ。

（中央大学）

【解答と解説】▶ P.095

ヒント　「乱開発」を他の日本語に言い換えてみよう。
　　　　「発展途上国による乱開発を責める」→「発展途上国を乱開発のことで（乱開発
を理由に）責める」と考えてみよう。

次の日本文を英語に訳しなさい。

3

ヨーロッパの人はアンティーク (antique) が好きである。ヨーロッパ人とアンティークは，切っても切れない関係にあると言ってもいいくらいだ。

（徳島文理大学）

【解答と解説】▶P.097

ヒント (2文目)「切っても切れない関係」を他の日本語に言い換えてみよう(否定 → 肯定の発想で)。

次の日本文を与えられた書き出しにしたがって、英語に訳しなさい。

1

ロンドンで医学の勉強をしていた時、私は、その都市に暮らした偉大な芸術家ゆかりの歴史的建造物をしばしば訪れた。

While

（中央大学）

【解答と解説】▶ P.100

ヒント 「芸術家ゆかりの」を簡単な言葉で表してみよう。

以下の文章の「　」内を英訳せよ。

2

次の文章は野球選手イチローの格言として知られているものである。

「高い目標を成し遂げたいと思うなら，常に近い目標を持ち，できればその次の目標も持っておくことです。それを省いて遠くに行こうとすれば挫折感を味わうことになるでしょう。高い所にいくには下から積み上げていかなければなりません。」

（滋賀医科大学）

【解答と解説】▶P.101

ヒント （1文目）「近い目標」とは何かを考えてみよう。

（2文目）「それを省いて遠くに行こうとする」「高い所にいくには下から積み上げる」は、具体的に何を表しているか考えてみよう。

語句 □ できれば　if possible
□ 挫折感を味わう　feel frustrated

CHAPTER

5

―――

知識型 [1]

次の日本文の下線部を英語に訳しなさい。

1

彼の言葉は私の心に響いて，<u>私は彼の観察力に深く感動した</u>．

（福島大学）

【解答と解説】▶P.106

ヒント ここでの「感動する」はどういう意味かを考えてみよう。

次の日本文に相当する意味になるように英文の空所を埋めなさい。

2

私たちは興奮しすぎてじっと座っていられなかった。

We（　　　　　　　　　　　　　　　　　）.

（学習院大学）

【解答と解説】▶P.108

次の日本文を英語に訳しなさい。

3

※以下の日本語は、買い物帰り、家に着いてからサイフをなくしたことに気づいた人が、警察に行ったとき、警察官が言ったセリフです。

家に帰る前に行ったところを正確に教えてください。

（弘前大学）

【解答と解説】▶P.109

4

彼女はその知らせを聞いて泣きそうになった。

（立命館大学）

【解答と解説】▶P.110

ヒント「その知らせを聞いて」→「その知らせを聞いたとき」と考えて、whenを使ってみよう。

次の日本文の下線部を英語に訳しなさい。

1

それなら，京都駅まで車で送っていこうか。

（京都教育大学）

【解答と解説】▶P.112

（1）～（4）の日本文を英語に訳しなさい。

2

Kenji: Rina! Is that you? I haven't seen you in ages!

Rina: Oh, hi, Kenji! Sorry, I only have a minute.

Kenji: That's OK. How have you been?

Rina: Not bad. Just busy.

Kenji: Busy? What have you been up to?

Rina: My part-time job. (1)来年留学するつもりだから、できるだけお金を貯めようとしてるの。

Kenji: That's great! Where are you going to go?

Rina: (2)まだ決めてないけど、多分カナダかニュージーランドになると思う。

Kenji: Why there?

Rina: Well, (3)安全で静かなところでホームステイして英語を上達させたいの。

Kenji: I've heard both of those places are nice.

Rina: Listen, (4)悪いけど、もうそろそろバイトに行かなくちゃ。

Kenji: I understand. It was good seeing you again.

Rina: Good seeing you, too! Bye!

（静岡県立大学）

【解答と解説】▶P.114

ヒント (4)「バイトに行かなくちゃ」→「私は仕事に行かなければならない」と考えてみよう。

（1）～（3）の日本文を英語に訳しなさい。

1

Cathy: Hi.

Laura: Hiya Cathy. You look a bit sleepy. What's up?

Cathy: Yeah. I'm very sleepy. (1) 昨日の晩，遅くまでテレビ でミステリーを見ちゃったんだ。 But it turned out to be pretty dull. (2) 見なきゃよかった！

Laura: Lucky you. My parents never let me stay up late. (3) 11 時には寝なさいって言われるんだ。

（京都教育大学）

【解答と解説】▶P.118

ヒント (3)「能動態」で表してみよう。

語句 □ ミステリー（番組） a mystery show

次の日本文を英語に訳しなさい。

2

A：「昨日喫茶店にいたとき，お前はまるで怒っているみたいだったぞ。」

B：「そうか？」

A：「他のみんなが話をしているときに，腕を組んでじっと黙っていたじゃないか。」

（愛知教育大学）

【解答と解説】▶P.121

次の日本文を英語に訳しなさい。

1

時には，夜遅くまで働いて，授業に出ない学生もいるね。

（弘前大学）

【解答と解説】▶ P.124

次の日本文に相当する意味になるように英文の空所を埋めなさい。

2

東京では人口が増え続けている。

The population (＿＿＿＿＿＿＿＿＿＿＿＿＿＿).

（学習院大学）

【解答と解説】▶ P.126

次の日本文を英語に訳しなさい。

3

英国人の生活にとって庭が再び重要になったのは，中世（the Middle Ages）になってからであった。

【解答と解説】▶ P.127

ヒント 「～になることは…までなかった／～になって初めて…した」という構造で表してみよう。

「英国人の生活にとって」→「英国人の生活において」と考えてみよう。

次の日本文を [　] の語を使って英語に訳しなさい。

4

彼が決心をするのに 1 分とかからなかった。（12 語）

[It / take / his mind]

（早稲田大学）

【解答と解説】▶ P.129

CHAPTER

6

——

知識型 [2]

次の文章を読み、下線部を英語に訳しなさい。

1

※英文は Helen's で始めなさい

驚異的な知性と忍耐のおかげで、ヘレンは哲学だけでなくフランス語やドイツ語をも習得することができた。Even when her tutor Anne Sullivan died in 1936, Helen overcame her grief by her remarkable determination, which enabled her to continue her work.

（首都大学東京［現・東京都立大学］）

【解答と解説】▶P.132

次の日本文を〔　　〕内の語で始まる英語の文に訳しなさい。

2

病気のため，そのコンテストには参加できませんでした。〔Illness〕

（高知大学）

【解答と解説】▶P.134

次の日本文を英語に訳しなさい。

3

Even a lot of presidents of large companies meditate these days. [重大な決断をするとき，集中を保つのに瞑想は役立つらしいよ。]

（同志社大学）

【解答と解説】▶P.135

次の文章を読み、下線部を英語に訳しなさい。

4

Nurse: Well. <u>ひどい風邪をひいたみたいですね。</u>

（早稲田大学）

【解答と解説】▶P.137

次の日本文を [　] の語を使って英語に訳しなさい。

1

二度と口もきいてくれないほど , 彼女は彼を怒らせてしまった .
(12 語)

[upset / much / spoke / again]

（早稲田大学）

【解答と解説】▶ P.138

次の日本文を英語に訳しなさい。

2

彼はとても緊張しているように見えたので , 何か普通じゃない
ことが起こるだろうという予感がしたわ。

（同志社大学）

【解答と解説】▶ P.139

語句 □ 〜という予感がする 　have a feeling {that} 〜

次の日本文を英語に訳しなさい。

3

すべての学生がその計画に同意することは不可能だと思います。

次の日本文に相当する意味になるように英文の下線部を完成させなさい。

4

最近、私達は人を「勝ち組」と「負け組」に分けがちである。

These days _____.

（青山学院大学）

【解答と解説】▶P.142

語句 □ 勝ち組　**winners** □ 負け組　**losers**

演習問題

次の日本文に相当する意味になるように英文の下線部を埋めなさい。

1

この本の 3 分の 2 を読み終えたところです。

I have just _____.

（学習院大学）

【解答と解説】▶ P.144

次の日本文を英語に訳しなさい。

2

アメリカ人の 4 分の 3 は，聖書は「神は自分自身を助ける人を助ける」と教えていると信じている。

（東京薬科大学）

【解答と解説】▶ P.145

語句 □ 聖書は〜と教えている　the Bible says, 〜

次の日本文を英語に訳しなさい。

3

将来、4人に1人が高齢者になると予測されています。

（中央大学）

【解答と解説】▶P.147

CHAPTER

7

——

テーマ型 [1]

以下の日本語の文章の意味に合うよう，(a)と(c)については空所を補い，(b)については与えられた語を正しく並べ替え，英文を完成させなさい。(b)の文頭の単語は大文字で始めること。それぞれの答えは解答欄に記入しなさい。

1

昨今，私たちは，小さな子どもたちでさえ器用にスマートフォンの画面をタップしたりスワイプしたりするのを見慣れている。子どもたちに彼ら自身のスマートフォンを与えないと決める親もいるが，さまざまな理由でそうすることが難しいと思う親もいるだろう。若いにしろ年配にしろ，多くの人々がスマートフォンなしでは一日もやっていけないのだ。

Nowadays we (_____(a)_____) even small children tap and swipe smartphone screens skillfully. (b)children / parents / phones / give / decide / own / not / their / their / some / to, but others may find it difficult to do so for various reasons. Whether young or old, many people (_____(c)_____) their smartphones for a single day.

（山梨大学）

【解答と解説】▶P.150

次の日本文を英語に訳しなさい。

2

多くの人にはお気に入りの俳優や歌手がおり、インターネットを通して彼らの生活を追いかけている。

(愛知大学)

【解答と解説】▶ P.152

ヒント 「インターネットを通して」という日本語に惑わされないように注意しよう。

次の文章を読み、下線部を英語に訳しなさい。

3

However, there are many drawbacks of driverless cars. コンピューターが適切な決断を下すのは，ひょっとすると難しいかもしれません。

(注) drawback: 欠点

(大分大学)

【解答と解説】▶ P.153

(1) ～ (3) の日本文を英語に訳しなさい。

1

A: Many people are using smartphones these days. Do you think it's a good thing?

B: Yes, I do. (1) スマートフォンがあれば，いろんな娯楽を楽しめるし，家族や友人とも連絡がとりやすくなるからね。However, there are a few problems.

A: Really? Like what?

B: (2) 第一に，おとなやティーンエージャーたちは，スマートフォンの画面をながめて多くの時間を費やしている。It's bad for eyesight. Secondly, scientists now say that repetitive smartphone use can negatively affect our wrist and thumb!

A: I never thought about that. (3) 運転中にスマートフォンを使うことが原因で，交通事故が増えているという新聞記事を，最近読んだよ。

（鹿児島大学）

【解答と解説】▶P.156

ヒント (3)「～という新聞記事」→「～と言っている[書いている] 新聞記事」と考えてみよう。

あなたは中京鉄道株式会社の広報部で働いています。ホームページのリニューアルに向けて，次の文章を英訳することになりました。文脈に適するように本文の下線部のみを英訳しなさい。

2

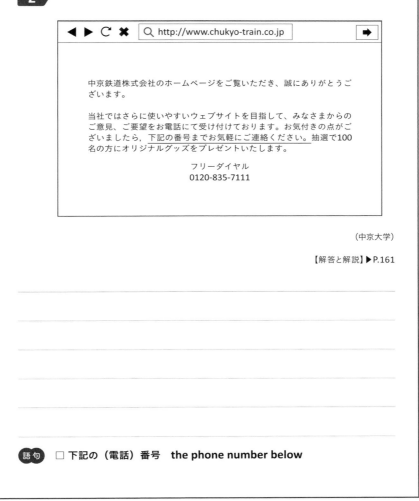

Q http://www.chukyo-train.co.jp

中京鉄道株式会社のホームページをご覧いただき、誠にありがとうございます。

当社ではさらに使いやすいウェブサイトを目指して、みなさまからのご意見、ご要望をお電話にて受け付けております。お気付きの点がございましたら、下記の番号までお気軽にご連絡ください。抽選で100名の方にオリジナルグッズをプレゼントいたします。

フリーダイヤル
0120-835-7111

（中京大学）

【解答と解説】▶P.161

語句 □ 下記の（電話）番号　the phone number below

演習問題

次の日本文を英語に訳しなさい。

1

このプロジェクトに携わっている科学者たちは，スマートフォンのような電子機器をハッカーから守るのに，人の個人的な特徴を使おうとしています。

（新潟大学）

【解答と解説】▶P.164

語句　□ ハッカー　**hacker**

(1) 〜 (4) の日本文を英語に訳しなさい。

2

A: I want to get my driver's license as soon as possible. How about you?

B: Well, (1) 夏休みの間に自動車学校へ行こうとずっと考えているんだ。

A: Oh, I see. By the way, do you think we will need a driver's license when we have self-driving cars in the future?

B: Maybe there will be some kind license for it. Although AI is becoming more advanced, (2) 完全に人間の代わりになる日が来るのか分からないな。

A: Yes, I see your point, but (3) 現在発生している人為的ミスによる多くの事故を防ぐことができると思うよ。

B: That would be safer. (4) しかし，あまり AI に頼りすぎないように，そして自分で考える事を忘れないように気を付けるべきだね。

（鹿児島大学）

【解答と解説】▶P.165

ヒント (3)「現在発生している人為的ミスによる多くの事故」→「人為的ミスによって引き起こされている多くの事故」と考えてみよう。

語句 □ 自動車学校　driving school

演習問題

次の日本文を英語に訳しなさい。

1

喫煙者のおよそ半分が喫煙に関わる病気で早く死ぬということが知られているので，喫煙を続けるよりも禁煙した方が健康によい。

（藤田保健衛生大学）

【解答と解説】▶ P.170

語句　□ 早く死ぬ　**die young** など

2

アメリカでは癌の発生率は 1992 年まで増加傾向にあったが，最近は低下してきている。それは喫煙者の減少と関係があると言われている。

[注]発生率　incidence

（島根大学）

【解答と解説】▶ P.171

次の日本文を英語に訳しなさい。

3

多くの子犬は生後たった 1 か月で売られるので，病気に対する免疫力が低い。

（酪農学園大学）

【解答と解説】▶ P.173

ヒント 「〜に対する免疫力が低い」→「〜に対してあまり免疫力を持っていない」と考えてみよう。

語句 □ **子犬　puppy**

以下は，ごみの出し方について話している場面からの抜粋です。
翌日にどの種類のごみを捨てるかをメールで教えてくれるんです。
下線部の日本語を，解答用紙の語句に続けて，<u>英語</u>で表現しなさい。which と garbage を使って作成すること。

4

The service sends me emails about (＿＿＿＿＿＿).

（宮崎大学）

【解答と解説】▶ P.175

次の日本文を英語に訳しなさい。

1

新型コロナウイルスは、無症状や、まだ症状が出ていない人によって拡散される可能性があるため、知らないうちにウイルスにさらされている人が多く、これによって市中感染（community transmission）につながることもありえる。

（オリジナル問題）

【解答と解説】▶P.178

2

新型コロナウイルスに感染した患者の間で、ビタミン D 不足と深刻な病気や死には高い相関関係があることを、世界中で行われた数多（あまた）の科学的研究が示した。

（オリジナル問題）

【解答と解説】▶P.180

次の日本文を英語に訳しなさい。

3

使い捨てプラスチックは世界中の政府から、重大な環境問題であると考えられている。（consider を使って）

（オリジナル問題）

【解答と解説】▶ P.182

_____

_____

_____

_____

次の日本文に相当する意味になるように英文の下線部を埋めなさい。

4

クジラやカメが、胃袋がプラスチックでいっぱいになっている状態で発見されている。

Whales and turtles _____.

（オリジナル問題）

【解答と解説】▶ P.183

_____

_____

_____

_____

CHAPTER

8

——

テーマ型 [2]

次の日本文を英語に訳しなさい。

1

雨の降る日，ひとり，バスを待っていた。遠くの山々は鮮やかな赤とオレンジ，黄色に染まっている。

（大阪薬科大学）

【解答と解説】▶ P.186

ヒント （2文目）「〜に染まっている」の時制に注意しよう。

次の文章を読み、下線部を英語に訳しなさい。

2

Lucy:　Did you enjoy your vacation with your son this summer?

Kazuo: Well, I was so busy that I couldn't afford to take a vacation. 石狩川に一緒に釣りに行こうって，息子と約束してたんだ。But I broke the promise.

Lucy:　Oh, that's too bad. What did he say, then?

Kazuo: He seemed to understand my situation.

（京都教育大学）

【解答と解説】▶ P.188

次の日本文を英語に訳しなさい。

3

もし明日台風がこなければ，山登りに行きましょう。

（日本女子大学）

【解答と解説】▶P.190

次の日本文の下線部を英語に訳しなさい。

1

当日現地で手に入れることも可能だが，その切符は事前に購入するとより安くなる。

（成城大学）

【解答と解説】▶ P.192

次の文章を読んで、下線部を英語に訳しなさい。

2

A: Did you have a good flight?

B: Yes. 私の席はとても安かったのでサービスは必要最低限でしたが，快適でした。

I love budget airlines.

（静岡県立大学）

【解答と解説】▶ P.193

次の日本文を英語に訳しなさい。

3

どんなに海外へ行きたくても，年齢や体調のせいで行けない人がいる。そういう人には，テレビの旅番組が仮想体験の場になる。さらに，人は旅番組を通じて，現地に住む人々の生き方から自分のありさまを確認することができる。

（慶應義塾大学）

【解答と解説】▶P.194

ヒント （2文目）「そういう人には、旅番組が〜の場になる」→「旅番組がそういう人に〜の機会を提供する」と考え、provideを使って表してみよう。

（3文目）「自分のありさま」→「自分自身の状況・自分の生き方」と考えてみよう。

次の日本文を英語に訳しなさい。

1

公用語として英語を使っている国はいくつありますか？

（中京大学）

【解答と解説】▶ P.198

次の日本文の下線部を英語に訳しなさい。

2

ヒカル：小学校で英語を教えることどう思う？

健太：　いいんじゃない。(1) 発音なんか早ければ早いほどいいよ。

ヒカル：(2) でも，まず日本語をしっかりと覚えるのが大事だと思わない？

健太：　(3) 外国語を学べば，きっと日本語にも興味を持つよ。

（愛知教育大学）

【解答と解説】▶ P.199

次の日本文を英語に訳しなさい。

3

英語によるコミュニケーションの成功は、話し手の観点から考えられがちだ。しかしながら、円滑なコミュニケーションを行うためには、聞き手も積極的に会話に参加することが不可欠である。

（青山学院大学）

【解答と解説】▶ P.202

次の日本文を英語に訳しなさい。

1

(1) 多くのことわざは世代から世代へと受けつがれてきた。

(2) ことわざはそれを使用する人々の習慣について多くのことを教えてくれる。

（日本女子大学）

【解答と解説】▶ P.206

次の日本文を英語に訳しなさい。

2

ここ 10 年、大学の国際化や研究者間の交流が進んでいる。日本の大学は海外留学を奨励したり、宗教や生活様式の異なる留学生を受け入れている。

(青山学院大学)

【解答と解説】▶ P.208

ヒント (1文目) 「大学」や「研究者」を主語にしてみよう。

次の日本文を英語に訳しなさい。

1

政治家にとって，その地位を利用して不法な利益を得ることは問題外です。

（群馬大学）

【解答と解説】▶ P.212

2

確かに変わったのは，私たちのあいだで貧富の格差が拡大したことだ。

（横浜市立大学）

【解答と解説】▶ P.214

次の日本文を英語に訳しなさい。

3

日本は、中小企業が多いことで知られている。日本経済にとって、中小企業は経済を活性化させる重要な役割を果たしており、中小企業の活躍は不可欠である。だからこそ、国は、中小企業を支援する経済政策を進めていくべきである。

（青森公立大学）

【解答と解説】▶P.216

語句　□ 中小企業　**medium-sized and small enterprises**

memo

memo